JAIRO CARBAJAL DELGADO

UNA FAMILIA CONFORME AL
CORAZÓN
DE DIOS

T0188562

CASA
CREACIÓN
Para vivir la Palabra

Para vivir la Palabra

MANTÉNGANSE ALERTA;
PERMANEZCAN FIRMES EN LA FE;
SEAN VALIENTES Y FUERTES.
—1 CORINTIOS 16:13 (NVI)

Una familia conforme al corazón de Dios por Jairo Carbajal Delgado
Publicado por Casa Creación
Miami, Florida
www.casacreacion.com

©2004, 2020 Derechos reservados
ISBN: 978-1-59185-443-2
E-book ISBN: 978-1-62136-937-0

Desarrollo editorial: *Grupo Nivel Uno, Inc.*
Diseño interior: *Grupo Nivel Uno, Inc.*

Nota de la editorial: Aunque el autor hizo todo lo posible por proveer teléfonos y páginas
de Internet correctas al momento de la publicación de este libro, ni la editorial ni el autor se
responsabilizan por errores o cambios que puedan surgir luego de haberse publicado.

Impreso en Colombia

23 24 25 26 27 LBS 9 8 7 6 5 4 3 2

UNA FAMILIA CONFORME AL
CORAZÓN
DE DIOS

DEDICATORIA

Este libro es un tributo de gratitud a Dios por el privilegio de ser padre de cuatro hijos increíbles:

Ruth Joy
Abigail Grace
Cesia Charity
David Ariel

Hijos: Ustedes son un tesoro de valor incalculable, los amo. Sé que llegará el día cuando serán instrumentos para honra, santificados, útiles para el Señor, y dispuestos para toda buena obra.

CONTENIDO

PRÓLOGO

La mañana del domingo 12 de mayo de 1991 yo estaba en un pequeño poblado del estado de Morelos, México. Había sido enviado por mi iglesia para traducir las predicaciones de un evangelista que estaba haciendo una campaña en la que Dios se manifestaba de manera gloriosa.

Mi esposa estaba embarazada por tercera ocasión y ya estaba en la etapa final, pero no estábamos preocupados, porque el doctor nos había asegurado que todavía faltaban varios días para el alumbramiento.

Yo había estado presente durante el parto de nuestras primeras dos hijas y por nada del mundo quería perder la experiencia sublime de ver el nacimiento de Cesia. Bárbara estaba en la iglesia cuando de pronto sintió que algo estaba mal. Se dio cuenta que el proceso del parto había comenzado y tenía que ir al hospital de inmediato. Algunas preciosas hermanas la ayudaron a avisarle al doctor y a mí, y luego la acompañaron al hospital.

Cuando recibí la noticia salí a toda prisa hacía la ciudad de México. Llegar al hospital me tomaría dos horas por lo menos. Me sentía como un jugador de béisbol que corre velozmente tratando de anotar una carrera y se lanza para tocar la almohadilla.

Cuando llegué al hospital me puse en un instante la bata quirúrgica y entré al quirófano en el momento preciso en el que Cesia lloró por vez primera. La tomé en mis manos y se la mostré a mi esposa mientras lágrimas de gratitud corrían por mis mejillas.

Ser padre ha sido una de las experiencias más significativas de mi vida. Desde el momento en que los vi nacer hasta el día de hoy, nuestros hijos han sido una fuente inagotable de bendición, de gozo, de satisfacciones y de retos. Ellos, junto con mi esposa, han sido mis mejores maestros. Su paciencia y su apoyo han sido incomparables.

Escribí este libro porque tengo una carga muy grande en mi corazón. Durante varios años prediqué y enseñé acerca de la familia porque me angustia ver el deterioro de la institución familiar no solo en el mundo sino también en el seno de la iglesia. Expongo aquí los sencillos principios de la Palabra de Dios en la esperanza de que las familias puedan vislumbrar el modelo que Dios tenía en su corazón cuando diseñó la familia. Tengo la convicción de que jamás lograremos ser la iglesia gloriosa por la que Cristo vendrá, a menos que logremos edificar nuestras familias de acuerdo al orden de Dios.

Este es un libro para la familia cristiana, en él encontrará principios para la esposa, el esposo y los hijos, pero especialmente es un libro para padres. Si hay algo que la familia necesita es un padre conforme al corazón de Dios. El principal factor para el éxito del hogar es un padre que entiende cuál es el papel que Dios le ha asignado y que camina de acuerdo a los principios de la Palabra. Dios está buscando esta clase de padres. ¿Los encontrará?

En la aventura de ser padre he recibido la influencia de muchos hombres y mujeres de Dios. Algunos de forma directa y personal. Otros a través de sus libros. A todos les ofrezco mi sincera gratitud, aunque no creo poder pagar la enorme deuda de amor que tengo por todo lo que me dieron.

Robert Ewing fue un varón de Dios, santo como pocos sobre la faz de la tierra. Nunca se casó para dedicarse al servicio de Dios. Su ejemplo y enseñanza fueron definitivos en mi formación. Earl Kellum fue un padre y un amigo. Fue un ejemplo de amor, de misericordia y paciencia. Su corazón era tan amplio que todos podíamos encontrar allí un lugar especial. Moisés Caballero fue mi pastor durante casi 30 años. Es un hombre lleno de sabiduría divina.

Su entendimiento de la enseñanza apostólica, su insuperable don como predicador y su enseñanza acerca del orden divino conforman un legado que aprecio al máximo. Upi es el regalo que Dios me dio para que fuera mi madre. En su sencillez supo inculcar en todos sus hijos la fe y el amor a Dios que nos han sostenido a través de las pruebas de la vida. Con devoción y fidelidad nos enseñó los caminos de Dios y su oración nos ha mantenido siempre fieles. Este libro está salpicado de las ideas, palabras y consejos de gente excepcional como James Dobson, Josh McDowell, Susana Wesley, Ray Ballman, Dick Iverson y muchos más. Sus escritos han sido una fuente de inspiración, sus vidas han sido un ejemplo y un reto. Procuro darle crédito a estos autores siempre que hago referencia a alguno de sus escritos. Si he cometido alguna omisión ha sido sin intención.

Bárbara, mi esposa, ha sido una mujer llena de sabiduría que me ha ayudado y ha suplido todo lo que a mí como padre me ha hecho falta. Sin su apoyo y dedicación nuestro hogar sería un desastre. Con mucha razón nuestros hijos le han dado el merecido título de "La mejor mamá del universo".

Estoy muy agradecido también por el mejor equipo de trabajo que existe sobre la faz de la tierra: el equipo Maranatha. Mis colaboradores han suplido lo mucho que yo no he podido hacer en el trabajo mientras me he dedicado a escribir este libro. En particular agradezco la ayuda editorial y las sugerencias que me dieron Jonatán, Nancy, Laura, Lilia, y otros. Ustedes son los mejores. Finalmente, gracias a Tessie DeVore por tener un oído sensible a la voz de Dios y un corazón obediente al Señor. Cuando me llamó para pedirme que escribiera un libro, pues así se lo había mostrado Dios, me causó espanto y alegría a la vez. Espanto porque escribir un libro me parecía algo difícil y lejano de mis capacidades. Alegría porque Dios me lo había estado diciendo en diferentes maneras a través de diferentes personas y está era la confirmación definitiva.

Sé que Dios tiene propósitos especiales que cumplir a través de este libro. Lo presento al lector con humildad y esperanza. Dios está levantando familias fuertes y victoriosas. Tu familia es parte importante de la obra que Dios está haciendo hoy. No te conformes con nada menos que "una familia conforme al corazón de Dios".

INTRODUCCIÓN

El ministerio de Cristo estaba llegando a su etapa final. Durante casi tres años el Señor había predicado el Evangelio del Reino, sus sermones y parábolas llevaban mensajes de esperanza, amor y perdón. Había sanado a los enfermos, liberado a los endemoniados y resucitado a los muertos. En el capítulo 10 del Evangelio de Marcos lo encontramos enseñándole a los fariseos acerca del divorcio: "Lo que Dios juntó, no lo separe el hombre". Al joven rico le indicó el camino para heredar la vida eterna, pero parecía tan difícil que se alejó afligido y triste; a sus asombrados discípulos les dijo: "Para los hombres es imposible, mas para Dios, no; porque todas las cosas son posibles para Dios".

En medio de tantas ocupaciones, se le acercaron a Jesús unos niños buscando que los tocase. Entre la multitud, me imagino que estos niños empezaron a jalar la túnica de Jesús tratando de llamar su atención y entonces sus discípulos los reprendieron.

Seguramente esgrimieron muchos argumentos para que dejaran de molestar a Jesús.

"El Señor está muy ocupado" —diría uno.

"El Señor tiene asuntos mucho más importantes que atender" —diría otro.

¿Qué es lo verdaderamente importante?

Al ver Jesús lo que pasaba, se indignó, porque los discípulos no habían entendido lo que era verdaderamente importante. Les dijo: "Dejad a los niños venir a mí". Entonces tomó a los niños en sus brazos, los apretó contra su pecho y poniendo las manos sobre ellos, los bendijo. Para Jesús los niños eran muy importantes. Los niños, el hogar y la familia están muy cerca del corazón de Dios.

Paul Tsongas ganó en 1978 la elección a senador por Massachusetts. En enero de 1984 anunció que se retiraría del senado de los Estados Unidos y no buscaría la reelección. Tsongas era una estrella política. Era un gran favorito a la reelección, y se le había mencionado como candidato potencial para la presidencia de ese país.

Pocas semanas antes de su anuncio, a Tsongas le habían diagnosticado una clase de cáncer linfático que no podía ser curado, pero sí tratado. Aparentemente, no afectaría sus capacidades físicas o su expectativa de vida. La enfermedad no obligaba a Tsongas a salir del senado, pero sí a enfrentar la realidad de su propia muerte. No podría hacer todo lo que hubiera querido. Por lo tanto, ¿cuáles eran las cosas que verdaderamente quería hacer en el tiempo que le quedaba? ¿Qué es lo verdaderamente importante?

Decidió que lo que más quería hacer en su vida, a lo que no renunciaría si no pudiera tenerlo todo, era estar con su familia y ver crecer a sus hijas. Poco después de tomar esta decisión, un amigo le escribió una nota felicitándolo por tener sus prioridades bien establecidas. La nota decía, entre otras cosas: "Nadie dijo jamás en su lecho de muerte: hubiera querido pasar más tiempo en mis negocios".

Luego de recibir un trasplante de médula ósea de su hermana gemela, recuperó su salud y regresó a vivir con su familia a un pequeño poblado de Massachusetts.[1]

Para muchos esta revelación llegará demasiado tarde. Y entonces descubrirán que un título académico o un puesto más elevado en la empresa o un millón de pesos en el banco jamás podrán sustituir un beso lleno de gratitud de una hija o el abrazo lleno de afecto de un hijo. Lo que verdaderamente vale la pena es nuestra familia, es nuestro hogar, son nuestros hijos.

Pocas veces entendemos la importancia suprema del llamamiento de Dios para los padres y madres de cada familia. Sentimos que para hacer algo trascendente necesitamos sacrificar la familia, olvidar a nuestros hijos, pagar el precio que sea necesario para lograr nuestros objetivos y sueños profesionales o ministeriales. La paternidad y la maternidad están sumamente devaluadas... pero Dios todavía sigue llamando a hombres y mujeres que tengan la pasión, que acepten la misión: ser padres y madres de acuerdo al modelo de Dios, criar hijos e hijas que Dios pueda usar para cambiar nuestras naciones, para encender fuegos que hagan arder los corazones. Hoy los necesitamos más que nunca.

El epitafio de un padre

Piensa en esto: ¿Qué te vas a llevar al cielo? ¿Dinero, poder, posición o gente?

¿Qué epitafio pondrán en tu tumba? ¿Si todo terminara para ti el día de hoy, qué logros tienes para poner a los pies de Jesús?

Las coronas no serán los sistemas, los escritos, las estructuras, sino las personas en las que influiste personalmente, particularmente tu propia familia.

> Dios todavía sigue llamando a hombres y mujeres que tengan la pasión, que acepten la misión: ser padres y madres de acuerdo al modelo de Dios.

El general MacArthur condujo a los ejércitos aliados a la victoria en la Segunda Guerra Mundial. Sus éxitos en el campo de batalla lo hicieron uno de los hombres más admirados. Después de recibir un premio por ser un buen padre dijo: "Nada me ha conmovido más profundamente que este honor que me ha conferido el comité del Día Nacional del Padre. Soy soldado de profesión y me enorgullezco mucho de ello; pero me siento más orgulloso, infinitamente más orgulloso, de ser padre. Un soldado destruye para construir. El padre solamente construye, nunca destruye. Aquel tiene el potencial de la muerte, este representa la creación y la vida. Y, aunque las hordas de la muerte son poderosas, los batallones de la vida son aún más poderosos. Espero que mi hijo, cuando me haya ido, me recuerde no por la batalla, sino por mi actuación en el hogar".

El estado de la familia actual

El estado de la familia en el mundo es lamentable. Qué triste es encontrar por doquier padres sin autoridad, hijos que no respetan a nadie, hogares de madres solteras o abandonadas, familias en las que Dios no tiene lugar. La familia de hoy es considerada como un artículo desechable, está destinada al divorcio, está llena de violencia y abusos. Es una familia que carece de amor y de perdón. ¿Qué ha pasado con la familia?

La familia moderna está criando hijos desobedientes, groseros e indisciplinados; padres deshonestos, mentirosos e irresponsables; hombres que son temidos más que respetados, que son déspotas y autoritarios. El adolescente moderno cae en toda clase de vicios sin remordimiento alguno; los jóvenes participan en relaciones ilícitas como si fuera un deporte.

¿Por qué hemos permitido la destrucción del núcleo familiar? Cómo podemos permanecer imperturbables cuando los posmodernos hijos de nuestras posmodernas familias...

... Rechazan a Dios, la Iglesia y la Biblia.
... Se niegan a obedecer a sus padres.

… Llegan a casa a la hora que quieren.

… Salen con quien quieren.

… Deciden qué programas ver en la televisión.

… Empiezan a tener relaciones de noviazgo desde los 12 años, o antes.

… Tienen relaciones sexuales antes del matrimonio.

… Deciden casarse con una persona no cristiana.

… Fuman, ingieren bebidas alcohólicas y se drogan.

¿Por qué hemos permitido que el mundo y el diablo destrocen nuestras familias?

¿Existe algún modelo que podamos seguir para evitar estos males y construir hogares sólidos y sanos?

CAPÍTULO 1

LA IMPORTANCIA DEL MODELO DE DIOS

L a familia de hoy requiere un modelo con estándares altos. Lee Iacocca tomó la presidencia de Chrysler cuando la empresa estaba a punto de declararse en quiebra. Era el año 1979 cuando la economía mundial estaba derrumbándose. El precio del petróleo estaba subiendo y los autos extranjeros, más eficientes en el consumo de combustible, dominaban el mercado nacional.

Lee Iacocca salvó a Chrysler implantando estándares de calidad altos, tanto en la administración como en el diseño y la producción. De allí surgió el exitoso concepto de los autos "K" y posteriormente la Minivan, que se vendieron como pan caliente. Con persistencia, con la actitud de nunca rendirse y con la disposición de tomar cualquier medida que fuera necesaria aseguró el resurgimiento de la empresa.

Es que en el hogar, como en las empresas, es muy fácil y común perder los estándares, bajar la norma, cambiar los valores, aceptar lo inaceptable. Cuán fácilmente se cansa un padre ante la insistencia de un hijo adolescente y termina permitiéndole hacer lo que sabe que no debe hacer.

Necesitamos volver al *Manual del fabricante* y reencontrar los estándares de calidad de Dios para la familia. Y entonces, persistir, nunca rendirse y hacer lo que sea necesario para asegurar el éxito de nuestra propia familia.

Cuando compramos un aparato para el hogar, nuestro primer impulso es armarlo o manejarlo sin leer las instrucciones del fabricante. Eso nos conduce frecuentemente al fracaso. Cuando por fin nos damos por vencidos, después de perder mucho tiempo, encontramos el manual y casi no podemos creer lo sencillo que era el asunto. Si tan sólo hubiéramos tomado un poco de tiempo para revisarlo nos habríamos ahorrado muchas horas de frustración. ¿No es eso lo que ocurre en nuestros hogares? Vale la pena ver lo que dice el *Manual del fabricante*.

Iniciar una familia es como iniciar un largo viaje. Si lo hacemos al estilo clásico mexicano (aunque no todos somos así), haremos todo a última hora. Estaremos buscando como locos una reservación cuando ya todos los hoteles están ocupados y empacaremos nuestra maleta en la madrugada, unas horas antes de salir. Por supuesto que no tendremos tiempo de revisar el estado mecánico del automóvil, creeremos "por fe" que todo saldrá bien. Y, finalmente, nunca tendremos un mapa para guiarnos en el camino. Suponemos que preguntando y siguiendo nuestras "corazonadas", pronto llegaremos. Esta es una excelente receta para la frustración y el fracaso. Lo mismo ocurrirá en el proyecto de edificación de una familia. Necesitamos hacer los preparativos con tiempo. Y necesitamos tener el "mapa" siempre a la mano.

Iniciar una familia es como iniciar un largo viaje.

Cada vez que salgo de viaje me gusta tener cerca un mapa detallado de las carreteras por las que vamos transitar. Sin un mapa me siento desorientado, perdido. Con un mapa en la mano me siento seguro, siento que todo está bajo control y disfruto mucho más el viaje.

El carro nuevo

Hay un episodio en la vida de Israel que nos enseñará la importancia del "mapa", la imperiosa necesidad de volver al modelo establecido por Dios.

Cuando David se propuso llevar el arca a Jerusalén, "tomó consejo con los capitanes de millares y de centenas, y con todos los jefes" (1 Crónicas 13:1). Tomó el parecer de toda la asamblea de Israel y como a todo el pueblo le parecía bien, decidieron llevar el arca de Dios en un carro nuevo.

David y todo Israel se regocijaban con todas sus fuerzas. La música jubilosa enmarcaba el importante acontecimiento, pero al llegar a una parte accidentada del camino, los bueyes que tiraban el carro tropezaron y el arca tambaleó. Uza extendió su mano para sostenerla y el furor del Señor se encendió contra él al punto que lo hirió y murió. La fiesta terminó y David decidió con gran pesar que no podría llevar el arca a Jerusalén.

Icabod

La historia de este fracaso comenzó veinte años antes, cuando Israel fue derrotado por el ejército filisteo en Eben-ezer (1 Samuel 4). La primera batalla le costó a Israel 4,000 hombres. Para levantar la moral del ejército, los ancianos de Israel decidieron traer el arca del pacto que estaba en Silo "para que viniendo nos salve de nuestros enemigos". El arca del pacto era el símbolo definitivo de la presencia de Dios en medio de su pueblo. Cuántas experiencias y victorias gloriosas había experimentado Israel cuando la presencia de Dios estaba con ellos. Ahora esperaban que al llevar el símbolo obtendrían la victoria una vez más. Incluso los filisteos reconocían el poder que representaba este símbolo. Cuando el arca llegó al campamento todos gritaron con tan gran júbilo que la tierra tembló. Los filisteos al oírlo se llenaron de miedo, porque decían: "Ha venido Dios al campamento".

Sin embargo, Israel fue derrotado. Aquel día murieron 30,000 hombres y los que quedaron salieron huyendo. El arca de Dios fue tomada y los hijos del sumo sacerdote Elí murieron. Cuando el anciano Elí recibió las noticias, el impacto fue terrible. "Israel huyó... fue hecha gran mortandad... tus dos hijos fueron muertos." Aunque todo esto era terrible, la última noticia fue la peor: "...y el arca de Dios ha sido tomada". Cuando escuchó lo que había pasado con el arca, Elí se desplomó hacia atrás, se desnucó y murió.

La nuera de Elí, que estaba encinta, al oír que el arca había sido tomada y que habían muerto su suegro y su marido, sintió de repente dolores y muriéndose dio a luz un hijo a quien puso por nombre Icabod, diciendo: "¡Traspasada es la gloria de Israel!".

¿Por qué perdió Israel la gloria de Dios? ¿Por qué cuándo el arca del pacto llegó al campo de batalla, Dios no estuvo presente ni ayudó a Israel a vencer a sus enemigos? ¿Por qué murieron los sacerdotes hijos del sumo sacerdote y el propio Elí? ¿Por qué el símbolo más sagrado de Israel cayó en manos de los filisteos?

Para encontrar las respuestas sólo tenemos que volver un poco las páginas de la Biblia, e identificar cuatro áreas en las que Israel falló. Perdió el modelo de Dios y en consecuencia, lo perdió todo (1 Samuel 2:12, 3:21).

1. Tenían un sacerdocio corrupto

Los hijos de Elí, los sacerdotes que ministraban en el tabernáculo, los principales responsables de la salud espiritual de la nación, eran hombres impíos. No conocían a Dios. Su comportamiento pecaminoso era tan grande delante de Dios que incluso dormían con las mujeres que velaban a las puertas del tabernáculo de reunión. Eran profesionales del ministerio pero no conocían a su Dios. Se enredaban en relaciones sexuales ilícitas, sin darse cuenta que estaban cavando su propia tumba. La falta de control de la vida sexual conduce a la destrucción de ministerios y de iglesias hasta el día de hoy.

2. Menospreciaban los sacrificios, el tabernáculo y deshonraban a Dios

Cuando algún israelita se presentaba para ofrecer sacrificio delante de Dios, el criado del sacerdote venía y tomaba la mejor parte, por la fuerza si era necesario. El sacerdote tomaba su parte antes que Dios. Esta práctica llevó al pueblo a sentir menosprecio por las ofrendas de Jehová.

Todos en Israel conocían y hablaban del mal comportamiento de los sacerdotes. Su pecado era muy grande, no sólo pecaban contra el hombre, sino que también pecaban contra Dios.

El Dios de los cielos expresa de manera contundente su enojo: "¿Por qué habéis hollado mis sacrificios y mis ofrendas?".
Los sacerdotes habían engordado con lo principal de las
ofrendas del pueblo. Provocaron a Dios a tal grado que dijo:
"Yo honraré al que me honra, y los que me desprecian serán
tenidos en poco". Y el dictamen final fue severo: "Ambos mori-
rán en un día".

El dinero, el beneficio propio, la ganancia deshonesta, siguen
causando que muchos sacerdotes hoy menosprecien las cosas
de Dios y estén preocupados sólo por su beneficio personal.
El amor al dinero ha hecho naufragar a otros, que ocupan su
tiempo en el púlpito para obtener recursos financieros más
que para predicar la Palabra.

3. Había total desorden en las familias

Los sacerdotes eran los primeros en poner el mal ejemplo,
deshonrando su hogar al mantener relaciones extramaritales,
de lo cual todos estaban enterados.

Todo lo que Elí atinó a hacer fue llamarles tímidamente la
atención: "No es buena fama lo que oigo". Con toda seguridad él había perdido su posición de autoridad y respeto
desde hacía mucho tiempo, como padre y como líder espiritual. Sus hijos no le prestaban atención y sencillamente no
escucharon su voz.

Los hijos hacían lo que bien les parecía sin importar lo que
su padre pudiera opinar. Elí tenía más temor de incomodar a
sus hijos que temor de Dios. "Has honrado más a tus hijos
que a mí", le reconvino Dios.

Cuando un padre renuncia a la posición de privilegio y
responsabilidad que Dios le ha dado para ser autoridad y guía
para su hogar, pone en grave peligro a sus hijos.

Dios juzgó la casa de Elí porque sus hijos habían "blasfe-
mado a Dios, y él no los ha estorbado".

Esa era la filosofía de Elí. Esta receta para el desastre en el
hogar quedó debidamente documentada hace más de 3000 años.

4. *Era un pueblo sin Palabra de Dios*

"La palabra de Jehová escaseaba en aquellos días; no había visión con frecuencia." Este es el mismo pueblo que había visto la gloria del Señor en las jornadas del desierto, el mismo que había sido testigo de las obras poderosas de la mano de Dios en la conquista de la tierra prometida, el mismo que había recibido la palabra y había prometido guardarla.

Pero ahora, el consejo de Dios brillaba por su ausencia, no había revelación, no había dirección. Eran sólo odres viejos, llenos de tradiciones, pero sin gloria. Se habían olvidado de los caminos de Dios, de los modelos que les había enseñado en el desierto.

Sin gloria

Estas fueron las razones por las que la gloria de Dios dejó al pueblo de Israel:

- Ellos tenían los símbolos, pero no tenían la presencia de Dios.
- Eran sacerdotes de Dios sin Dios.
- Eran sacerdotes de Dios que en lugar de servirlo lo deshonraban.
- Eran sacerdotes que tomaban el ministerio santo como negocio para su beneficio personal.
- Eran sacerdotes a los que les encantaba pecar y jalar a otros para participar en sus pecados.
- Era gente que despreciaba los sacrificios que Dios había mandado.
- Era gente que no tenía temor de Dios, por eso hasta lo blasfemaban.
- Eran hombres y mujeres que consideraban la fornicación como una práctica aceptable.
- Eran padres que no tenían el respeto de sus hijos, aun cuando los complacían en todo.

- Eran padres que no ejercían la autoridad en sus hogares.
- Eran padres que tenían miedo de estorbar a sus hijos aun cuando iban en camino a la destrucción.
- Eran hijos que no respetaban a sus padres ni a Dios.
- Eran hijos para los que la palabra de su padre valía poco o nada.
- Era un pueblo que pensaba que podía vivir muy bien lejos de la Palabra de Dios.
- Era un pueblo que había relegado al olvido los principios de la Palabra de Dios y el modelo establecido por Dios para el sacerdocio, para su relación con Dios y para la familia.
- Era un pueblo que pensaba que podía pasarla muy bien sin oír la voz de Dios, sin visión, sin guía de Dios en su vida.

¡Con razón la gloria del Señor los había dejado!

¿Estaremos cayendo en alguno de los errores de Israel? Con mucha tristeza tenemos que admitir que algunos de nosotros hemos olvidado el modelo de Dios para la familia, e incluso, a veces, ni siquiera tenemos el menor entendimiento del orden divino para el hogar.

Parece que sólo tenemos los símbolos, pero no tenemos a Dios. Vamos a la iglesia, cantamos y danzamos; mandamos a nuestros hijos a la escuela dominical, los mandamos a la reunión de jóvenes, pero no tenemos en nuestros hogares sacerdotes que realmente conozcan y honren a Dios. Cumplimos con los requisitos religiosos externos, pero seguimos en nuestros pecados.

Como padres, aceptamos nuestra responsabilidad de proveer para las necesidades materiales de nuestro hogar, pero somos negligentes cuando se trata de ocupar el lugar de liderazgo espiritual y la posición de autoridad que Dios nos ha encargado. Nos preocupa que cada miembro de la familia tenga su propia Biblia, pero los principios de la Biblia están lejos de nuestro corazón.

Si tal es nuestro caso, ¿cómo podríamos esperar tener la gloria de Dios en nuestro hogar y en nuestra iglesia? ¿Cómo podemos esperar disfrutar la bendición de Dios?

¿Qué hizo Dios para cambiar esta situación?

"Me suscitaré un sacerdote fiel, que haga conforme a mi corazón." Necesitamos conocer el corazón de Dios en cuanto a la familia. ¿Qué es lo que Él soñó cuando diseñó a la familia? ¿Cómo anhela el corazón de Dios que sea nuestro hogar? Dios está buscando padres fieles que hagan conforme a su corazón.

> Igual que Samuel, nosotros necesitamos tomar cada palabra, cada mandamiento, cada principio de Dios, sin dejar caer ninguno a tierra.

Samuel fue el sacerdote que Dios levantó. "Samuel creció, y Jehová estaba con él, y no dejó caer a tierra ninguna de sus palabras". Entonces Israel conoció que Samuel era fiel profeta de Dios y Jehová volvió a aparecer en Silo.

Igual que Samuel, nosotros necesitamos tomar cada palabra, cada mandamiento, cada principio de Dios, sin dejar caer ninguno a tierra. Entonces tendremos la presencia de Dios en nuestra vida, en nuestro hogar y en nuestra nación. Cada generación necesita volver a los principios de Dios si quiere dejar en sus hijos un legado de bendición.

Una visitación de Dios no es suficiente, necesitamos ser sacerdotes fieles cada día. Una revelación milagrosa no es suficiente, necesitamos aplicar cada día los principios de la Palabra de Dios y transmitirlos a nuestros hijos. Incluso Samuel falló posteriormente en esto.

¿Qué hizo David?

Cuando el quebrantado David buscó el consejo de Dios en las Escrituras encontró que "el arca no debe ser llevada sino por los levitas, porque a ellos ha elegido Jehová para que lleven el arca y le sirvan perpetuamente", y entendió por qué Dios los había quebrantado la primera vez: "por cuanto no le buscamos según su ordenanza".

Hacer las cosas de acuerdo al orden de Dios es la clave para edificar correctamente y tener éxito en nuestra vida.

Hacer las cosas de acuerdo al orden de Dios es la clave para edificar correctamente y tener éxito en nuestra vida. Cuando los levitas llevaron el arca cargándola sobre sus hombros, todo el pueblo iba cantando con júbilo, saltando y danzando llenos de alegría.

El carro nuevo era una vil copia del que habían usado los filisteos para transportar el arca.

¿Hemos de hacer las cosas como las hacen los filisteos?

¿Hemos de olvidar lo que Dios ha ordenado para hacer las cosas a nuestro buen parecer?

¿Hemos de olvidar el modelo de Dios y de permitir que en nuestras familias impere el desorden?

¿Hemos de permitir que nuestros hijos vivan como los hijos de los filisteos?

La respuesta es un categórico: ¡No!

Hay esperanza para la familia de hoy. En la Escritura podemos encontrar modelos que nos muestran el plan de Dios para la familia.

En el Libro tenemos los planos para edificar familias en el orden divino, hogares en los que la gloria de Dios se manifieste. También podemos encontrar ejemplos entre el pueblo de Dios. Veremos familias que han seguido las instrucciones del Fabricante y han construido con éxito hogares de acuerdo al modelo. Son familias que demuestran que el modelo de Dios es viable. ¡Sí se puede! Nuestro hogar no está condenado al fracaso.

Quisiera compartir el testimonio de dos familias que sin duda alentarán su corazón y lo llenarán de esperanza.

La familia Dobson

Durante el sepelio de su padre, James Dobson, reconocido autor cristiano, expresó:

"Este hombre no sólo era mi padre y mi amigo, sino también una fuente de inspiración para mí. Pocas personas advierten que en realidad la mayor parte de lo que escribo es expresión de sus perspectivas y enseñanzas... los momentos más felices de mi vida tuvieron lugar a su lado. Un intenso amor y afecto definió el marco de nuestra relación de por vida. Había entre nosotros una intimidad y unidad que me hacía desear ser como aquel hombre... que me hizo adoptar sus valores como propios, hacer míos sus sueños, aceptar a su Dios como el mío.

James Dobson (padre) era un hombre de muchos amores. Su mayor amor era el que sentía por Jesucristo. Cada uno de sus pensamientos y acciones estaba motivado o influido por su deseo de servir al Señor.

Mi padre también amaba intensamente a mi madre. Cuánto necesita nuestra sociedad esposos y padres que se comprometan con sus familias, hombres decididos a salir adelante en esta importante responsabilidad. Mi padre era uno de estos hombres, y su entrega a mi madre creció constantemente a lo largo de cuarenta y tres años de matrimonio.

Muy pocas personas percibieron plenamente la profundidad del amor que mi padre tenía por aprender. Mi padre tenía un insaciable deseo de aprender, y alternaba sus intereses entre la biología, la física, la astronomía, la ecología, la teología, la política, la medicina, y las artes.

Por último, mi padre me amaba. Lo he sabido desde que podía tener conciencia de ello. Durante mis cuarenta y un años de edad he estado extendiendo mi mano hacia él, y siempre ha estado allí.

Danae y Ryan (dirigiéndose a sus hijos), su abuelo era un gran hombre. No porque fuera presidente o porque vayan a recordarlo en los libros de historia. Era grande por su compromiso incondicional con la fe cristiana. Y si yo puedo ser para ustedes al menos la mitad de lo que él fue conmigo, sin duda ustedes serán también unos hijos afortunados".[1]

¡Qué testimonio! Nuestras familias necesitan esta clase de hombres. Hombres que amen a Dios, que amen a su esposa, que amen aprender y que amen a sus hijos.

¿Cuál fue el fruto de la vida de este padre? Su nombre nunca apareció en los periódicos, pero su hijo, James Dobson, es el fundador y presidente de Enfoque a la Familia, una organización dedicada a la preservación de la familia, que produce programas radiales que son escuchados en 116 países por más de 200 millones de personas cada día. Es autor de más de 20 éxitos editoriales que han ayudado a millones de familias.

No, el padre de James Dobson no era famoso, pero su legado ha bendecido al mundo entero.

Una vida significativa

Susana era apenas una niña cuando oraba: "Querido Dios, guíame, haz que mi vida sea de valor e importancia". Era la menor de veinticinco hijos de un pastor protestante. Más adelante, siendo ya señorita, tuvo un sueño: "Espero que el fuego que yo encienda haga arder no sólo a Londres, sino a toda la nación y a todo el mundo".

¿Qué es lo que hizo para ver cumplido su sueño? ¿Cómo contestó Dios esta oración? A los veinte años se casó con Samuel Wesley, con quien tuvo veinte hijos, de los cuales sólo nueve vivieron hasta ser adultos.

La vida de Susana fue dura, pero las pruebas nunca apagaron su sueño. Cada día se dedicaba a criar y educar a sus hijos en el hogar. La biografía de Susana, escrita por Eulalia Cook González, nos permite asomarnos al interior de su vida y de su hogar:

"Desde niña, su padre le había enseñado a aprovechar el tiempo, organizando metódicamente las tareas de cada día. Ya de grande, Susana dividía su día en secciones, y en cada una trabajaba en una tarea específica. Esas secciones incluían la educación de sus hijos, la oración, meditación y el estudio constante de la Palabra de Dios, además de las tareas propias del hogar".[2]

Susana tenía principios muy claros en cuanto a la crianza de los hijos:

"Para formar la mente de los niños, lo primero que había que hacer era conquistar su voluntad y enseñarles a obedecer.

Muy pronto les hacíamos comprender que no recibirían nada cuando lloraran. Les instruíamos sobre cómo hablar claramente y explicar bien lo que querían. Nunca se les permitía pedir nada, aún a la persona más humilde, sin primero decir *por favor*.

Les enseñábamos el padrenuestro en cuanto podían hablar. Repetían esta oración cuando se levantaban y cuando se acostaban. Al crecer, iban agregando oraciones a favor de sus padres y otros. También les enseñaba porciones de las Escrituras según su capacidad para memorizarlas."

Cada semana dedicaba una hora, invariablemente, para conversar privadamente con cada uno de sus hijos. A Juan, por ejemplo, le tocaba el jueves por la tarde. Nunca lo olvidó. Ya de grande, lejos del hogar, usaba la hora que la madre antes le dedicaba sólo a él para escribirle a ella.

Susana comprendió que el Señor contestaría su oración guiándola en la formación de sus hijos. El Señor la ayudaría de tal manera a inspirar a sus hijos, que podría usarlos para cambiar el mundo. Cada noche hacía una pausa junto a sus camas y oraba que Dios los guiara. Tenía la convicción de que Dios lo haría.

Al crecer, sus hijos fueron su mayor motivo de satisfacción. Juan y Carlos fueron a la Universidad de Oxford y allí hicieron su primer impacto sobre el mundo al establecer las primeras sociedades metodistas.

Juan y Carlos, ya ordenados como pastores, fueron un tiempo como misioneros a América, pero pronto volvieron a Inglaterra en donde tuvieron una experiencia extraordinaria de salvación. Juan predicaba con renovado calor y convicción. Carlos escribía himnos, acerca de la gracia divina, que toda Inglaterra cantaba.

Al poco tiempo predicaban a centenas, luego a miles. Toda Inglaterra era sacudida por el avivamiento. Dios usó el ministerio de Juan y de Carlos para dar nueva vida en Cristo a miles y miles de personas. El impacto del avivamiento trajo cambios muy notables en el país europeo y en muchas otras naciones. Cientos de iglesias en todo el mundo reconocen a Juan Wesley como un padre espiritual y cantan los himnos de su hermano Carlos. El fuego que Susana empezó sigue ardiendo hasta el día de hoy.

Yo espero que Dios te use para encender un fuego que haga arder tu nación. Confío en que los principios expuestos en este libro te ayuden y te motiven. Tu familia puede hacer la diferencia en este mundo. Dios hizo todas las provisiones necesarias desde que instituyó el primer hogar.

CAPÍTULO 2

SIETE PROVISIONES DIVINAS PARA EL HOGAR

Cada año, cuando el invierno está por llegar a la zona fronteriza de Canadá y Estados Unidos, 100 millones de hermosas mariposas Monarca emprenden un viaje increíble. En el curso de unas seis semanas volarán alrededor de 4,000 kilómetros para llegar a las montañas cubiertas de bosques de Oyamel, del Estado de Michoacán, en México, donde pasarán el invierno. Esta migración involucra varias generaciones en constante peregrinar por algunos países: Canadá, Estados Unidos y México. Sin conocer fronteras en su frenético vuelo aprovechan las corrientes ascendentes de aire, lo que les permite alcanzar hasta 65 km/h con un mínimo gasto de energía por el batir de sus alas. Hermosa y misteriosa la Monarca realiza esta migración año con año.

A mediados de febrero, cuando la temperatura empieza a subir, las mariposas comienzan a aparearse y se intensifica la búsqueda de néctar de las flores para acumular la energía necesaria para el viaje de regreso, que ocurre a mediados de marzo.

En el camino de regreso, las hembras depositan sus huevecillos en las hojas de plantas que abundan en las praderas norteamericanas.

Las Monarcas de esta generación maduran a principios de julio para reproducirse y morir en Canadá y Estados Unidos. Sus crías saldrán de sus crisálidas en septiembre para migrar hacia México, llegando exactamente al mismo bosque en el que invernaron sus abuelas donde se van a aparear para reiniciar el ciclo. La migración de las mariposas Monarca se considera como una de las grandes maravillas biológicas del mundo.

¿Cómo transmiten las mariposas Monarca la información de generación en generación? ¿Cómo pueden estas frágiles mariposas hacer un recorrido tan largo? ¿Cómo se orientan?

Hay, quizá, un paralelismo entre la vida misteriosa de la mariposa Monarca y el impacto que nosotros, como padres, podemos hacer en nuestros hijos. Nuestros niños son moldeados permanentemente por el amor y el entrenamiento que reciben en el hogar. Siempre serán influidos por las experiencias que caracterizaron a la familia en la cual se criaron. Ninguna vivencia se pierde del todo. Aun en su vejez, ellos "recordarán" y se guiarán por lo que se les enseñó en su niñez. Aún las generaciones siguientes recibirán esa influencia benéfica. Esto es un hecho asombroso.

La vida de la mariposa Monarca es una ilustración muy hermosa acerca de la importancia del hogar y la familia en la vida de los hijos.

Crisóstomo —Obispo de Constantinopla en el siglo IV— decía: "No hay otro lugar donde el espíritu pueda ser nutrido de manera que pueda prosperar espiritual, intelectual y prácticamente, que en el seno de una familia en el orden correcto".[1]

La familia es el mejor —o puede convertirse en el peor— agente para satisfacer las necesidades más importantes para el desarrollo y bienestar de los hijos. El hogar puede ser un pedazo de cielo o una sucursal del infierno.

Un niño crece y se desarrolla mejor cuando tiene padres amorosos que cuidan sus necesidades físicas, emocionales y espirituales. Nunca caeríamos en el error de pretender que por haberle dado el alimento espiritual a nuestros hijos ya hemos cumplido la tarea, pero frecuentemente nos conformamos con darle el alimento físico descuidando sus necesidades espirituales.

El carácter se desarrolla o se echa a perder en el hogar. Nada puede sustituirlo. Nada puede ayudar al ser humano a desarrollar, madurar o encontrar su significado y propósito, como una familia de acuerdo al modelo del Fabricante.

Ni la escuela, ni los parientes, ni la iglesia pueden

> **La familia es el mejor campo de entrenamiento para desarrollar la responsabilidad ante Dios y ante los hombres.**

sustituir la benéfica influencia de un hogar de acuerdo al modelo de Dios. La familia es el mejor campo de entrenamiento para desarrollar la responsabilidad ante Dios y ante los hombres. La familia es la primera y la mejor escuela para nuestros hijos. Si en ella les enseñamos a obedecer y respetar, tendremos adultos llenos de virtudes.

El primer hogar

El *Manual del fabricante* dice que en el principio Dios creó al hombre a su imagen, varón y hembra los creó. Los puso en el jardín y allí se constituyó el primer hogar. Allí se establecieron los principios de un hogar en orden, sano, saludable, fuerte, victorioso, con la bendición de Dios.[2]

> *"Jehová Dios plantó un huerto en Edén, al oriente; y puso allí al hombre que había formado. Y Jehová Dios hizo nacer de la tierra todo árbol delicioso a la vista, y bueno para comer; también el árbol de vida en medio del huerto, y el árbol de la ciencia del bien y del mal.*
> *... Tomó, pues, Jehová Dios al hombre, y lo puso en el huerto de Edén, para que lo labrara y lo guardase. Y mandó Jehová Dios al hombre, diciendo: De todo árbol del huerto podrás comer; mas del árbol de la ciencia del bien y del mal no comerás; porque el día que de él comieres, ciertamente morirás.*
> *Y dijo Jehová Dios: No es bueno que el hombre esté solo; le haré ayuda idónea para él. Jehová Dios formó, pues, de la tierra toda bestia del campo, y toda ave de los cielos, y las trajo a Adán para que viese cómo las había de llamar; y todo lo que Adán llamó a los animales vivientes, ese es su nombre. Y puso Adán nombre a toda bestia y ave de los cielos y a todo ganado del campo; mas para Adán no se halló ayuda idónea para él. Entonces Jehová Dios hizo caer sueño profundo*

sobre Adán, y mientras este dormía, tomó una de sus costillas, y cerró la carne en su lugar. Y de la costilla que Jehová Dios tomó del hombre, hizo una mujer, y la trajo al hombre".

—Génesis 2:8, 9, 15-22

En el Jardín del Edén, Dios le dio a la familia siete provisiones para suplir todas sus necesidades y nos entregó un modelo que continúa vigente para los hogares del siglo XXI. Las provisiones divinas son:

- Provisión material
- Un lugar placentero
- El trabajo
- Leyes para obedecer
- Disciplina: Castigo por la desobediencia
- Compañerismo: Ayuda idónea
- Desarrollo intelectual: Ocupación para la mente

Revisemos cada una de estas provisiones para el hogar.

Provisión material

Dios plantó un huerto y le dio a Adán y a Eva toda clase de árboles cuyos frutos eran deliciosos y buenos para comer. La supervivencia de la familia estaba garantizada.

Esa responsabilidad fue delegada al padre en cada nuevo hogar. *Pater* en griego proviene de una raíz que significa nutridor, protector, sustentador.[3]

El salmista nos ofrece una bella descripción del hombre bienaventurado que teme a Jehová y que come del trabajo de sus manos, que provee fielmente para su casa, cuyos hijos son como plantas de olivo alrededor de su mesa (Salmo 128).

También el apóstol Pablo establece este principio con firmeza:

"Porque si alguno no provee para los suyos, y mayormente para los de su casa, ha negado la fe, y es peor que un incrédulo".

—1 Timoteo 5:8

Recuerdo a mi amigo Abraham, un próspero hombre de negocios judío. Yo admiraba la sagacidad de los judíos en el ámbito de los negocios. En la ciudad de México muchos de los comercios de telas, de joyería, de ferretería, etc. son propiedad de judíos. Yo quería aprender de él, por eso un día le pregunté: "¿Qué es lo que hacen los judíos para tener tanto éxito en los negocios?".

"La clave está en la formación que nuestros padres nos dan en el hogar", me contestó Abraham. "Mi padre me enseñó dos cosas: Trabajar y ahorrar. Él fue un hombre que nunca faltó a su trabajo, aún cuando ya pasaba de los ochenta años de edad iba a su taller de relojería para mantenerse activo. Me enseñó que como jefe de familia era mi responsabilidad llevar a casa el sustento necesario. Si las necesidades cotidianas del hogar se cubrían con 10 pesos, yo debería salir a trabajar y ganar esos 10 pesos. Si el trabajo que yo tenía no me permitía ganar 10 pesos, entonces tendría que buscar otro trabajo, lavando pisos si fuera necesario, para llevar a casa el sustento necesario. Si el Señor me bendecía y yo ganaba más de 10 pesos, llevaba a casa los 10 pesos necesarios y ahorraba el resto. El hecho de ganar más no significaba que debería gastar más."

¡Cuánta falta hace esta clase de actitud en muchos hogares! Necesitamos hombres que acepten esta responsabilidad. Resulta increíble ver en nuestra sociedad "machista" cómo muchos hogares son sustentados por el trabajo de la esposa y de las hijas. El hombre, si trabaja, gasta "su" dinero en sí mismo y llega a casa a sentarse a la mesa para comer lo que la esposa o sus hijas ganaron. ¡Y se enoja si no le sirven lo que a él le gusta!

Yo entiendo que las circunstancias de cada familia son diferentes y pueden ser muy difíciles en algunos casos, pero considero que siempre que sea posible, la mujer debe dedicar su tiempo a su casa, administrando con sabiduría los recursos que Dios provee a través de su esposo con la mayor eficiencia posible. Como lo dice Pablo, que sean "cuidadosas de su casa" (Tito 2:5).

En muchas ocasiones, la mujer entra al campo laboral por aceptar los conceptos equivocados de la cultura moderna, la cual menosprecia el trabajo de la mujer en el hogar. Pero esto tiene graves perjuicios para los hijos, y para la salud de todos los miembros de la familia, porque entonces la esposa no tiene el tiempo suficiente para vigilar que todos se alimenten en forma saludable.

Cuando la atareada ama de casa llega al hogar luego de una jornada de trabajo agotadora, no tiene tiempo y se ve en la necesidad de recurrir a alimentos procesados, carentes de nutrientes y repletos de sustancias químicas que dañarán la salud de la familia. Además, estos productos resultan considerablemente más caros que los productos frescos.

¿Cuánto cuesta que la mujer trabaje fuera de casa?

La madre cristiana debe considerar seriamente los costos que se generan cuando decide trabajar fuera del hogar. Por lo general encontrará que el costo es mayor que los beneficios. Considere la siguiente lista:

- Guardería (a menos que deje a sus hijos con algún familiar)
- Transporte público
- En caso de tener auto: Mantenimiento, gasolina, seguro, etc.
- Ropa de oficina: zapatos, medias, tintorería.
- Comida rápida cada vez que no tenga tiempo de cocinar.
- Incremento de gastos médicos porque los niños se enferman más cuando están en una guardería.

- Ayuda adicional en la casa porque no hay tiempo para hacer muchas cosas por sí misma.
- Teléfono celular para poder ser localizada en cualquier momento.

Es muy probable que si se hacen ajustes en el presupuesto familiar y se buscan opciones de ahorro y eficiencia, a la larga resulte más benéfico que mamá permanezca en el hogar.

El materialismo

Cuando el padre toma con excesivo celo su papel como proveedor del hogar, puede caer fácilmente en el extremo del materialismo. Puede creer que mientras más les dé, mejor padre es. Un padre así puede llenar a sus hijos hasta el exceso de alimento, ropa y juguetes.

> La familia existe para servir a Dios y para cumplir sus propósitos para la bendición de toda la humanidad.

Necesitamos entender que la provisión no es lo más importante. Nuestra vida no debe girar alrededor de lo que tenemos. El centro de nuestro hogar debe ser Dios. La familia existe para servir a Dios y para cumplir sus propósitos para la bendición de toda la humanidad. Como lo expresa el autor Larry Christenson: "La familia cristiana no existe para su propio beneficio. Fue creada para dar gloria y honra a Dios. La bendición de cada uno de sus miembros es un subproducto".[4]

Un lugar placentero

El primer hogar que Dios estableció era un lugar lleno de todo árbol "delicioso" a la vista, había allí un río que regaba el huerto y se repartía en cuatro brazos. Era indudablemente un "paraíso", un lugar bello en el que el hombre disfrutaba plenamente de la naturaleza, de las aves y de las bestias del campo. Era un lugar delicioso, bueno para vivir y criar una familia. Esta es la clase de hogares que necesitamos formar. Nuestro hogar debe ser un lugar delicioso, lleno de belleza, donde anhelemos estar. Nuestro hogar debe ser un lugar de paz, de amor, de confianza. Cada miembro de la familia debe contribuir a formar esta clase de hogar.

En algunos casos los hogares modernos funcionan más bien como hoteles. Dormimos en ellos, pero salimos tan temprano como sea posible para cumplir con nuestras inacabables responsabilidades laborales, escolares o sociales. Volvemos tan tarde como sea posible porque estamos más contentos afuera que adentro.

> **Como padres necesitamos hacer de nuestro hogar el lugar en el que nuestros hijos disfruten estar.**

Nuestro hogar puede llegar a ser más un campo de batalla que un nido en el que deseamos estar, un nido en el que encontremos refugio, cariño, ternura y comprensión.

Sin embargo, de acuerdo al modelo de Dios, nuestro hogar es el lugar donde debemos encontrar el placer de nuestra vida. No debemos buscar la felicidad fuera del hogar, porque en realidad nunca podremos encontrar allá verdadera felicidad.

Como padres necesitamos hacer de nuestro hogar el lugar en el que nuestros hijos disfruten estar. No un cuartel ni una cárcel, sino un lugar en el que los niños pueden disfrutar, jugar, y disfrutar su niñez. Los niños no necesitan juguetes costosos, necesitan padres amorosos que dediquen tiempo para jugar con ellos.

Uno no tiene que gastar mucho dinero para convertir el hogar en el mejor lugar para nuestra familia. A los niños les gustan las actividades más simples y, con frecuencia, las más económicas. Les gusta que les lean o les cuenten las mismas historias cientos de veces. Nunca se cansan de oír la historia de David y el gigante Goliat. Les encanta oír chistes, o historias divertidas de nuestra propia infancia, una y otra vez, y siempre se ríen con ganas. Esos momentos en compañía de sus padres son a menudo más divertidos y significativos que los juguetes más costosos que les pudieran comprar.

El Dr. Dobson cuenta de un amigo que le preguntó una vez a sus hijos adultos qué cosas recordaban con más cariño de su niñez: ¿Fueron las vacaciones que tomaron juntos, los viajes a Disneylandia o al zoológico? ¡No!, le dijeron que ellos recordaban con alegría cuando él se ponía en el piso y luchaba con los cuatro. Ellos se unían para atacar al "viejo" y se reían hasta que les dolían las costillas.[5]

Así piensan los niños. Las actividades más significativas dentro de las familias a menudo son aquellas que se centran en lo espontáneo y personal.

Por esta razón, los padres y madres no pueden lograr que el hogar sea un lugar placentero simplemente con dinero, aunque muchos lo han intentado. Algunos padres y madres exhaustos, especialmente los que tienen capacidad económica, a veces intentan "compensar" a sus defraudados hijos con juguetes, autos y experiencias costosas. Eso rara vez da resultado. Lo que más desean los niños y las niñas es pasar tiempo con sus padres, construir objetos en el patio, jugar en la sala o cantar juntos cuando van en el automóvil. Ningún juguete, por sí solo, puede jamás competir con el disfrute de tales momentos. Y estos serán recordados toda su vida.

El esposo debe comprender que para que su esposa se sienta feliz en el hogar no necesita que le compren los aparatos más sofisticados para la cocina. Lo que necesita es a su esposo, su presencia, su cuidado, su atención... su tiempo.

La esposa es la clave para transformar una casa en un hogar. Su creatividad y su toque femenino pueden lograr milagros. Pueden convertir un lugar sencillo en un palacio, un lugar caótico en un remanso de paz.

Cuando los hijos vuelven al hogar después de la escuela pueden encontrar allí descanso, ayuda, aceptación. A veces, nuestros hijos sufren heridas de parte de sus compañeros en la escuela, vienen sangrando, escucharon palabras hirientes, literalmente su alma está golpeada, pero al llegar al hogar encuentran paz y consuelo.

Cuando el esposo ha pasado un día de trabajo agotador, ha estado sometido a grandes presiones, está cansado, anhela llegar a un hogar que sea un puerto seguro, un lugar de refugio, donde su alma y su cuerpo pueden recibir salud y fortaleza. Ese es el hogar al que todos anhelamos volver.

Una solicitud muy especial

La importancia del papel de la mujer en el hogar queda claramente descrita en el siguiente "anuncio" que fue publicado en el periódico América Nueva, adaptado del Boletín mensual del Grupo Cristiano en Mexicali, B.C.:

SE SOLICITA URGENTEMENTE UN AMA DE CASA

Para este puesto, se requiere que la solicitante sea capaz de llevar a cabo y coordinar las siguientes funciones:

- Acompañante
- Directora
- Agente de compras
- Enfermera
- Consejera
- Administradora
- Maestra
- Cocinera

- Nutricionista
- Limpiadora
- Niñera
- Psicóloga
- Organizadora

- Decoradora
- Chofer
- Trabajadora social
- Amante

Requisitos:

La solicitante debe tener una automotivación ilimitada y el más fuerte sentido de responsabilidad si quiere tener éxito en este trabajo. Debe ser obviamente cristiana, joven, hermosa, independiente y con iniciativa, capaz de trabajar aisladamente y sin supervisión. Ser eficiente en el manejo de personas de todas las edades y apta para trabajar en condiciones de estrés durante largos períodos, si fuere necesario.

También debe contar con flexibilidad suficiente para hacer un sinnúmero de tareas al mismo tiempo, sin cansarse y con la adaptabilidad para manejarse sin confusión, ni protesta, en los distintos cambios dentro del desarrollo de la vida del grupo, incluyendo emergencias y crisis serias.

Debe ser capaz de atender todo asunto, con gente de todo tipo, incluyendo mal carácter masculino, burócratas, maestros de escuela, médicos, dentistas, trabajadores, comerciantes, suegras, adolescentes y niños.

Ha de ser competente en los oficios arriba mencionados, sana, creativa y extrovertida, para alentar y ayudar al desarrollo físico y social de los miembros del grupo.

Debe tener imaginación, sensibilidad, calor, amor y comprensión, ya que será la responsable, además de concebir, parir, amamantar y cuidar al grupo, de su bienestar mental, emocional y espiritual.

Horario de trabajo

Todo el tiempo en que permanezca despierta, así como turnos de veinticuatro horas cuando sea necesario (salvo que exija su "shabat" semanal).

Remuneración:

Ningún salario o sueldo. El gasto será negociado de vez en cuando y deberá presentar una contabilidad cuidadosa; se le puede requerir a la solicitante que consiga un segundo empleo, además del que se le anuncia ahora, para ayudar al sostenimiento del grupo.

Beneficio:

Ningún descanso ni vacación garantizada, ni siquiera por enfermedad, maternidad, o largo servicio (No hay jubilación, SAR, seguro de vida, ni seguro de accidentes). Tampoco se ofrece compensación alguna, aun cuando haya tiempo extra.

Favor de enviar solicitud con foto reciente a la brevedad, porque me urge casarme a principios del próximo año.

Aplican restricciones.

El trabajo

El Señor puso al hombre en el huerto para que lo cuidara y lo labrara. El trabajo fue una de las provisiones de mayor bendición que Adán recibió de parte de Dios en aquel primer hogar. El mantenimiento del huerto requería esfuerzo y creatividad. No había tiempo que perder, no había lugar para la ociosidad.

El padre de familia debe ser un hombre trabajador. Su lugar no está en la sala de su casa. Su lugar está en la oficina, en el taller, en el campo o en la fábrica. El hombre debe salir de casa cada día para desarrollar un trabajo fructífero.

Cuando por causa de la crisis económica que azota nuestros países, el padre pierde su trabajo, no debe quedarse en casa. Debe salir a buscar trabajo y no volver hasta traer el sustento diario al hogar. Un hombre desempleado que simplemente se cruza de brazos diciendo, con aire de espiritualidad: "Dios proveerá", no sólo está perdiendo su tiempo, sino que está perdiendo el respeto de su propia familia. Si el campo laboral está muy restringido y no puede encontrar pronto un empleo, debería buscar opciones de trabajo independiente como vendedor, artesano, pintor, etc. El asunto es que el hombre debe trabajar y debe enseñar a sus hijos a trabajar.

El *Manual del fabricante* dice que el fracaso de Sodoma se debió a que sus hijos tenían: "Soberbia, pan de sobra y abundancia de ocio" (Ezequiel 16:49). Cuando permitimos que nuestros hijos crezcan acostumbrados sólo a jugar y no trabajar, a recibir sin dar nada a cambio, tendremos como resultado hijos malcriados y rebeldes. Inútiles para sí, su hogar, su país y su Dios.

Desde pequeños debemos enseñarle a los hijos a ayudar en los quehaceres del hogar. Los jóvenes deben aprender a hacer las reparaciones domésticas: plomería, electricidad, pintura. Las mujercitas deben aprender los oficios femeninos: cocina, costura, repostería, pintura, música, etc. Esto puede sonar demasiado "machista" para algunos, pero creo que ésta es una de las mejores herencias que le podemos dejar a nuestros hijos y a sus futuros hogares.

Qué bendición será para nuestra futura nuera que su esposo sepa cómo arreglar la instalación eléctrica de la casa. ¡Hay hombres que no se atreven ni siquiera a cambiar un foco!

Qué bendición será para nuestro futuro yerno que su esposa sea una excelente cocinera, que le pueda dar a su familia una alimentación sana y nutritiva. ¡Algunas señoritas llegan al matrimonio sin saber mucho más que preparar alimentos "instantáneos"!

La ociosidad no es buena para los hijos, para la esposa, ni para el esposo. No hay que perder el tiempo que es corto. Sin embargo, no debemos caer en extremos. El trabajo puede convertirse en un tirano implacable. Siempre hay algo más que necesitamos hacer urgentemente. El trabajo nunca se acaba. Sin darnos cuenta podemos caer en la trampa y enfrascarnos demasiado en el trabajo de tal manera que ya no tengamos tiempo para estar con nuestra familia.

Hace algunos años estaba cayendo en eso. Tenía mi trabajo de tiempo completo, un trabajo que me encantaba. Siempre que fuera necesario yo podía llegar más temprano o salir más tarde, con tal de avanzar en mis tareas. Cuando acababa alguna siempre había dos nuevas tareas que requerían mi atención.

El tráfico en la ciudad retrasaba mi llegada a casa, de tal manera que mis hijos tenían que ir frecuentemente a dormir sin haberme visto. Una de las pequeñas protestaba porque pensaba que mamá estaba impidiendo deliberadamente que viera a su papá. Unos amigos que se encontraban en una situación similar me contaron que los niños comenzaron a preguntarle a la mamá: "¿Dónde está el 'señor' que viene a vernos los fines de semana y nos trae regalos?".

Además, estaban las responsabilidades de la iglesia. Había clases y sermones que preparar, reuniones que supervisar, iglesias que visitar, sesiones de consejería y juntas de ancianos con el pastor. Muchos domingos mi familia tenía que esperar en el frío o en el calor, hasta altas horas de la noche para ir a cenar algo y caer rendidos en la cama, con la frustración de saber que al día siguiente daría inicio otra semana igual.

El tren de actividades al que está sometida la familia moderna es impresionante. No hay tiempo para disfrutar un momento de compañerismo, no hay tiempo para platicar y conocer los sentimientos y anhelos de los otros miembros de la familia. El exceso de actividades es una de las mayores amenazas que enfrentan los hogares hoy, puede incluso destruir la familia.

El exceso de actividades es una de las mayores amenazas que enfrentan los hogares hoy, puede incluso destruir la familia.

Cuando Dios nos permitió mudarnos a otra ciudad, una de las bendiciones más grandes que tuvimos fue poder disponer de tiempo para la familia: tiempo para hacer cosas juntos, para ir a caminar en las montañas, para ver juntos una película, para jugar y reír, para platicar y conocernos. Tiempo para ver crecer a nuestros hijos y ayudarlos en ese proceso tan maravilloso.

Nunca permitas que el trabajo, ni siquiera las actividades eclesiásticas, te roben el privilegio de invertir tu tiempo en el tesoro más grande que Dios ha puesto en tus manos: tu familia.

Leyes para obedecer

En Edén, Dios le dio mandamientos al hombre: "De todo árbol del huerto podrás comer; pero del árbol del conocimiento del bien y del mal no comerás". Dios tenía la autoridad para establecer mandamientos para el hombre. Él delega esta autoridad en cada área de nuestra vida para establecer límites para el comportamiento humano. La autoridad es buena para el ciudadano en su país, para el empleado en su ámbito de trabajo y para el hijo en el hogar.

Al reconocer la autoridad uno encuentra verdadera libertad y creatividad. Pero muchos de los problemas en la vida de la gente y de las familias surgen por un mal concepto de autoridad.

Más adelante hablaremos detalladamente acerca de la necesidad de establecer límites en el hogar. Por el momento nos limitaremos a señalar el principal mandamiento que debemos enseñar a nuestros hijos y algunos conceptos que surgen de él.

"Oye, Israel: Jehová nuestro Dios, Jehová uno es. Y amarás a Jehová tu Dios de todo tu corazón, y de toda tu alma, y con todas tus fuerzas. Y estas palabras que yo te mando hoy, estarán sobre tu corazón; y las repetirás a tus hijos, y hablarás de ellas estando en tu casa, y andando por el camino, y al acostarte, y cuando te levantes"

—Deuteronomio 6:4-7

Enseñar a nuestros hijos a conocer y amar a Dios es nuestra tarea más importante. Para lograrlo necesitamos educarlos en los principios que Dios ha establecido en su Palabra. La Palabra de Dios es importante, no lo que dicen los sicólogos o los maestros en la escuela, sino lo que Él dice.

Mi amigo Edgar, un librero cristiano, me contó con sorpresa acerca de la joven hija de un pastor que estaba pasando por una crisis cuando llegó a la librería para comprar una Biblia. Edgar le mostró una Biblia de la versión Reina-Valera. La joven preguntó: "¿Es esta la Biblia que se usa en las iglesias cristianas?". ¡Después de casi 20 años de ir a la iglesia y ser hija de un ministro no sabía cuál era la Biblia que usaban!

Nuestros hijos deben oír las historias de la Biblia desde su más tierna edad. En cuanto aprenden a leer, la Biblia debe ser uno de sus primeros libros de lecturas. Deben conocer la Palabra de Dios, los personajes bíblicos y las enseñanzas de Jesús. Deben aprender a apreciar los escritos sagrados, memorizándolos, guardándolos en su corazón y usándolos como una lámpara que alumbre su camino.

> **Enseñar a nuestros hijos a conocer y amar a Dios es nuestra tarea más importante.**

El padre debe asumir el papel de maestro en el hogar. Lo que dice y lo que hace constituye la más grande influencia en la vida de su hijo.

¿Quién está educando a tus hijos?

La enseñanza de nuestros hijos no puede ser dejada en manos de sus maestros en la escuela, ni siquiera en las de sus maestros de la Escuela Dominical. Su enseñanza es el privilegio y la responsabilidad de sus padres. Necesitamos enseñar a nuestros hijos los caminos de Dios, la obediencia a sus mandamientos. Necesitamos sembrar en sus corazones los principios de sabiduría divina que les ayudarán cuando tengan que tomar decisiones lejos de nuestra supervisión.

¿A qué edad se debe empezar? La enseñanza de nuestros hijos debe iniciarse desde que son bebés. No podemos esperar ni debemos perder tiempo.

¿Cuáles son los principios que debemos sembrar en su corazón? Un padre responsable le enseña a sus hijos los principios para vivir que estén en armonía con la Palabra de Dios, por ejemplo[6]:

Honestidad: hablar siempre la verdad es fundamental en todas sus relaciones. Debe desalentarse la deshonestidad en todas sus maneras, ya sea mentir, robar, copiar, evadir impuestos, etc.

Bondad y amistad: tener estas virtudes es superior y más admirable que ser "duro". La gentileza es en realidad una señal de fortaleza. No debemos permitir que nuestros niños se conviertan en unos bravucones.

Amor: los niños deben ser enseñados a amar a sus amigos, a sus compañeros y aún a sus enemigos. Y por sobre todas las cosas a Dios.

Fidelidad y castidad: estas virtudes brillan por su ausencia en las películas, los programas de televisión y la música popular. Es importante que los hijos entiendan claramente los beneficios de reservar la actividad sexual para el matrimonio, y las consecuencias de la inmoralidad.

Orden y limpieza: estas cualidades pueden parecer poco importantes para algunos, pero pueden determinar el éxito en la vida. Aunque nadie ha muerto del "síndrome del cuarto sucio", el niño que aprende a tener sus pertenencias organizadas y en orden, eventualmente será capaz de usar sus recursos con mayor eficiencia.

Respeto: esta cualidad es muy importante en todas las relaciones. Involucra un trato cortes hacia otros, con tacto y buenos modales. El respeto es algo que se ha perdido en nuestra cultura y es urgente que lo recuperemos. Cuando una persona pierde el respeto por la vida, la propiedad ajena, los padres, los ancianos, la naturaleza, las creencias y los derechos de otros, va en camino de su destrucción.

Autodisciplina y moderación: vivimos en una cultura que proclama que tú puedes y debes tenerlo todo. Los niños necesitan entender que aunque para ellos fuera posible, no es necesario, ni sabio, tenerlo todo. El ejercicio de la autodisciplina sobre los deseos físicos, emocionales y financieros, puede prevenir la enfermedad, las deudas y el agotamiento.

Enseña a tu esposa

Un varón entendido debe buscar convertirse en el líder espiritual y el maestro de su esposa. Ella no debe sentir que necesita acudir a otra persona para ser enseñada o aconsejada. No quiero decir que la esposa nunca pueda ir en busca de consejo con otra persona, pero sí creo que debe ir en primer lugar a su propio marido.

En algunas ocasiones mi esposa me ha señalado con tristeza algo que sucede con frecuencia en las iglesias. El esposo se encuentra sentado en las bancas de atrás mientras la esposa está buscando el consejo del ministro o la oración del "poderoso hombre de Dios", haciendo a un lado el consejo y la oración de su propio esposo, quien se supone que es el sacerdote de su hogar. ¡Con razón muchos hombres nunca se levantan para servir en el liderazgo de las iglesias!, aunque son hombres llenos de amor por su Dios. La esposa lo subestima y por lo tanto, es posible que él se subestime a sí mismo.

Acudir primero a su esposo es muy importante porque de esa manera está reconociendo y respetando su liderazgo espiritual y a la vez lo está animando a mantener su posición como cabeza del hogar. Cuando el esposo no tenga la respuesta o el consejo requerido, ambos pueden acordar buscar consejo externo, pero hay que darle al esposo la oportunidad de ser el maestro y el líder del hogar.

Disciplina: castigo por la desobediencia

Además de establecer mandamientos para obedecer, el Señor estableció la disciplina que se aplicaría en caso de desobediencia: "El día que de él comas, ciertamente morirás" (Génesis 2:17).

Los mandamientos sin consecuencias no pueden cumplir su función benéfica en la vida de nuestros hijos. Toda manifestación de rebelión debe tener una consecuencia. Toda falta de respeto a la autoridad debe recibir un castigo justo y adecuado. El *Manual del fabricante* nos enseña:

"Criadlos en disciplina y amonestación del Señor".
—Efesios 6:4

"El que detiene el castigo, a su hijo aborrece".
—Proverbios 13:24

"La vara de corrección la alejará [la necedad] de él".
—Proverbios 22:15, nota aclaratoria

En la actualidad, la sociedad reprueba la aplicación de la disciplina a los niños. Muchas veces esta actitud se debe a los casos de abuso físico que se presentan en los hogares y se publican en los medios de comunicación. Hay padres y madres que tienen problemas mentales o emocionales, que usan la violencia contra sus hijos, y contra otros seres humanos, como vía de escape para sus propios corajes y frustraciones. Son gente que no disciplinan buscando el bien de sus hijos, sino que más bien parece que procuran su mal, castigando sin prudencia y sin amor.

En muchos países castigar físicamente a los niños se ha convertido, prácticamente, en un delito. Se trata, dicen los expertos, de un abuso de sus derechos humanos. La falta de disciplina se hace patente en cualquier lugar público o reunión familiar en la que hay niños. El desorden y la falta de respeto por sus padres resultan intolerables, pero los padres no pasan de hacerles una débil llamada de atención y siempre terminan cumpliendo sus caprichos para evitar que hagan berrinche. Incluso, hay padres que le tienen miedo a sus hijos y por eso no los disciplinan.

Un momento clásico de la historia

Me encanta la historia de Robertito, un muchachito de diez años, paciente del Dr. William Slonecker:

El Dr. Slonecker y su personal del consultorio de pediatría temían soberanamente el día en que Roberto llegaba para su examen médico. Literalmente arremetía contra la clínica echando mano de instrumentos, carpetas y teléfonos. Lo único que hacía su pasiva madre era limitarse a menear la cabeza perpleja.

Durante uno de los exámenes físicos, el Dr. Slonecker observó varias caries dentales en los dientes del muchacho y sabía que debía enviarlo a un dentista local. Pero, ¿a quién le haría tal honor? Enviar a Roberto a ver a algún dentista amigo podría bien significar el fin de la amistad profesional. Así que el Dr. Slonecker al final de cuentas decidió enviar al pillastre a un dentista entrado en años del que se decía que sabía comprender a los niños. La confrontación que siguió es ahora uno de los momentos clásicos en la historia de los conflictos humanos.

Roberto llegó al consultorio dental preparado para la batalla.

—Siéntate en esa silla, jovencito —le dijo el dentista.

—¡Ni en sueños! —replicó el muchacho.

—Hijo, te dije que te sentaras en esa silla, y eso es exactamente lo que espero que hagas —le dijo el dentista.

Roberto le clavó la mirada a su oponente por un momento, y luego respondió:

—Si haces que me suba a esa silla me quito la ropa.

Con toda calma, el dentista replicó:

—Quítatela, hijo.

El muchacho al instante se quitó la camisa, los zapatos, los calcetines, y después alzó la vista todavía desafiante.

—Está bien, hijo —siguió el dentista—. Ahora súbete a esa silla.

—¿No me oíste? —empezó a vociferar Roberto—. Te dije que si me hacías subir a esa silla me voy a quitar *toda* la ropa.

—Quítatela, hijo.

Roberto procedió a quitarse los pantalones y calzoncillos, y quedó totalmente desnudo frente al dentista y su ayudante.

—Ahora, hijo, súbete a la silla —le dijo el dentista.

Roberto se subió a la silla, y se quedó quieto y cooperó durante todo el procedimiento. Cuando el dentista terminó de arreglar las caries, le dijo que ya podía bajarse de la silla.

—Dame la ropa —dijo el muchacho.

—No —respondió el dentista—. Dile a tu mamá que hoy vamos a guardar aquí esta ropa. Ella puede venir mañana a recogerla.

¿Se imagina la sorpresa que recibió la madre de Roberto cuando se abrió la puerta hacia la sala de espera, y allí apareció su sonrosado hijo, desnudo tal como había venido al mundo? La sala estaba llena de pacientes, pero Roberto y su mamá pasaron entre ellos hasta el pasillo. Descendieron en el ascensor, y luego al lote de estacionamiento, tratando de ignorar la risa de los que los veían.

Al siguiente día la madre de Roberto regresó para recoger la ropa del muchacho, y pidió hablar con el dentista. Sin embargo, no había ido a protestar. Esto fue lo que dijo ella: "No sé cómo expresar lo mucho que aprecio lo que ocurrió ayer aquí. ¿Sabe una cosa? Roberto había estado chantajeándome por años con eso de quitarse la ropa. Cada vez que estábamos en algún lugar público, como por ejemplo el supermercado, me hacía toda clase de exigencias irrazonables, si no accedía a su exigencia, me amenazaba con quitarse la ropa. Usted es la primera persona que le hace frente a su desplante, doctor, ¡y el impacto en Roberto ha sido increíble!".[7]

Tener hijos groseros y desafiantes es el resultado de decisiones equivocadas en el área de la disciplina.

Compañerismo: ayuda idónea

El corazón tierno de Dios se manifestó en el jardín de Edén cuando dijo: "No es bueno que el hombre esté solo". Dios formó primero las bestias del campo y las aves de los cielos y las trajo a Adán. Allí estaban el caballo, el perro, el águila y, de seguro, algún mono, con su gracia y su belleza. Por un tiempo su compañía fue interesante, pero pronto se dio cuenta de que ninguna de esas criaturas, por maravillosa que fuera, llenaba la necesidad de su corazón. Todavía estaba solo.

Por eso Dios lo hizo caer en un sueño profundo y tomando una de sus costillas, hizo una mujer y la trajo al hombre. Cuando Adán abrió los ojos, vio la creación más perfecta y

Tener hijos groseros y desafiantes es el resultado de decisiones equivocadas en el área de la disciplina.

maravillosa que jamás hubiera imaginado, fue amor a primera vista. La que él llamó Varona, era carne de su carne, hueso de sus huesos, era alguien con quien podía identificarse, relacionarse, comunicarse.

El hogar es el lugar que Dios diseñó para que el hombre, y cada miembro de la familia, encuentre el remedio para su soledad. No habrá hombres solos, no habrá mujeres languideciendo a causa de la soledad, no habrá hijos que se sientan solos —pensando que nadie los comprende—, cuando formemos un hogar de acuerdo al modelo de Dios.

¿Eres el mejor amigo de tu esposa? ¿Eres el mejor amigo de tus hijos? ¿Cuánto tiempo hablas con tus hijos? ¿Los conoces?

No podemos menos que llorar cuando nos damos cuenta de que en una familia el padre no conoce a sus propios hijos. No ha tenido tiempo para hablar con ellos, ni para escucharlos. Sus hijos sólo comparten sus sentimientos y sus anhelos con alguien allá afuera, porque ese "alguien" sí tiene tiempo para escucharlos.

¿Cuántas buenas razones hemos tenido para no pasar tiempo con nuestra familia? No hemos tenido tiempo para ir a comprar unas flores para nuestra esposa, porque tenemos mucha prisa y muchas cosas qué hacer. No hemos podido llevar a nuestro hijo al parque, porque trajimos trabajo de la oficina que es muy urgente terminar. No hemos podido platicar con nuestra querida hija acerca de sus problemas escolares porque nuestras responsabilidades en la iglesia nos obligan a atender, orar y aconsejar a los hijos de otros.

Muy pronto será demasiado tarde. La vida pasa volando delante de nuestros ojos. Tenemos que sacar tiempo para estar con nuestra familia ¡hoy!

Cuando nació Ruth, nuestra primera hija, tenía mucho tiempo para estar con ella y descubrí que era una niña muy dulce y dócil. La bañaba y la arrullaba acostada sobre mi pecho hasta que se quedaba dormida. Fueron experiencias deliciosas. Para cuando nació la segunda, ya no tenía tiempo para estar con ella de la misma manera. Pronto me di cuenta de que esta niña era diferente a la primera. Casi siempre que la veía estaba de malas, llorando, quejándose. Yo no entendía por qué esta niña había salido tan latosa. Entonces fuimos de vacaciones durante una semana. Estuve con ella cada día, la abrazaba, la cargaba, jugaba con ella. Y descubrí, para mi sorpresa, que era una niña muy linda.

Todo el tiempo anterior la había visto por las noches al llegar a casa, cuando ella estaba cansada. Lo único que ella quería hacer era dormir. Era sólo una bebé y a esas horas ya no tenía fuerzas para ponerse a hacer cosas graciosas delante de un padre que estaba ausente todo el día.

Yo entiendo que las circunstancias a veces no nos ayudan, sobre todo si vivimos en una gran ciudad, en la que gastamos horas en el tráfico para llegar a casa. Pero no debemos permitir que los años pasen y nuestros hijos crezcan como unos perfectos desconocidos para nosotros. No debemos permitir que nuestros hijos se sientan tan distantes de nosotros que cuando necesiten un consejo lo busquen en otra persona fuera del hogar. Nunca dejes que un extraño conozca mejor a tus hijos que tú.

El hogar debe ser un lugar de dulce comunión en el que nos damos el tiempo para hablar y para conocernos unos a otros. Necesitamos conocer a nuestros hijos a fondo, en sus cualidades y sus defectos. Necesitamos tomar el tiempo para disfrutarlos y para ayudarlos en su desarrollo. Tiempo para enseñarlos y para prepararlos para que lleguen a ser hombres y mujeres de Dios, útiles para toda buena obra, capaces de cumplir el propósito de Dios para sus vidas.

Algunos todavía creen en la mentira del "tiempo de calidad". Viven engañados pensando que aunque no dedican mucho tiempo para estar con sus hijos, el poco tiempo que pasan con ellos es un "tiempo de calidad". No piensan igual cuando llegan hambrientos a un restaurante y piden un "filete a la tampiqueña". Este es un platillo mexicano muy famoso que se sirve en un plato extra grande y que incluye un trozo gigantesco

> **El hogar debe ser un lugar de dulce comunión en el que nos damos el tiempo para hablar y para conocernos unos a otros.**

de suave y jugoso filete de res acompañado de una completa guarnición a base de enchiladas verdes o de mole, rajas de poblano, guacamole, arroz y frijoles refritos. ¡Un verdadero deleite!

Si el mesero llega con mucha pompa y coloca en la mesa un pequeño plato con un trocito minúsculo de carne y con unas cuantas cucharadas de arroz y frijoles, anunciando que está sirviéndonos lo mejor de su cocina, la especialidad del chef, protestaríamos de inmediato. Queremos calidad, ¡claro que sí!, pero también cantidad.

En muchos hogares nuestros hijos están muriendo de hambre, y no precisamente porque haga falta alimento en la alacena, están muriendo por falta de cariño, por falta de tiempo, en cantidad y en calidad, de parte de sus padres. Es hora de volver al hogar, es hora de recuperar a nuestra familia. Aunque eso signifique renunciar a un ascenso en el trabajo o renunciar a nuestra pasión por los deportes.

Desarrollo intelectual: Ocupación para la mente

No sólo encontró Adán trabajo para sus manos en Edén. También recibió de parte de Dios un tremendo desafío para su intelecto. Cuando Dios formó a toda bestia del campo y toda ave de los cielos, "las trajo a Adán para que viese cómo las había de llamar; y todo lo que Adán llamó a los animales vivientes, ese es su nombre hoy" (Génesis 2:19).

En el tiempo moderno muchos científicos han participado en la tarea de nombrar y clasificar las especies de animales existentes sobre el planeta. Carl von Linneo, hijo de un ministro escocés, fue uno de los principales precursores. Todos ellos han dedicado su vida a esta tarea... y no han terminado. Algunas especies se han extinguido, otras han sido descubiertas apenas... la tarea es inmensa.

Por lo general, cuando nace el primer hijo es fácil ponerle nombre. Para cuando nace el tercero se nos acaba la imaginación y dejamos al bebé "sin nombre" por varias semanas. Y claro, luego se nos ocurre ¡cada nombre!

La tarea que Dios le dio a Adán era fenomenal, tenía que poner a trabajar su mente, tenía que desarrollar la creatividad. A veces se cansaba, por eso tenemos al "orangután", pero la mayor parte del tiempo debe haber disfrutado mucho nombrando a los elefantes, las codornices y las vacas.

Nuestro hogar debe ser un lugar en el que los talentos y la creatividad de cada miembro encuentren su mejor expresión. Podemos aprender algo nuevo cada día. Podemos leer, estudiar, enseñar. Debemos aprovechar cada oportunidad para enseñar principios a nuestros hijos, para enseñarlos a ser útiles. Poniéndoles retos y metas altas. Además de cumplir con sus tareas escolares, los hijos pueden aprender artes o idiomas. Un niño es capaz de aprender a tocar varios instrumentos y hablar varios idiomas. Su mente es prodigiosa... si les enseñamos a usarla.

Muchos de nosotros provenimos de familias de escasos recursos. Nuestros abuelos o nuestros padres eran campesinos, artesanos u obreros, con una educación muy limitada. Ellos no pudieron darnos todo lo que hubieran deseado, pero una cosa hicieron, nos mandaron con muchos sacrificios a la escuela. Querían que sus hijos progresaran, que tuvieran una profesión, que llegaran mucho más allá de lo que ellos jamás soñaron. ¡Y lo lograron! Hoy tenemos una nueva generación de creyentes, jóvenes universitarios, parejas de profesionales y exitosos hombres de negocios.

Pero no caigamos en el error de convertir la educación en un ídolo. Ni pensemos que la educación universitaria por sí sola es suficiente para el desarrollo de nuestros hijos. El hogar debe ser su principal escuela, sus padres su mejor ejemplo.

Una esposa puede aprender algo nuevo cada día, siempre habrá una nueva receta que probar, una manera más económica para vestir a la familia, una nueva técnica artesanal para embellecer su casa. Si hace esto nunca se sentirá esclavizada en el hogar. Su creatividad crecerá cada día y se sentirá satisfecha y realizada.

Para nuestros hijos, el hogar debe ser su principal escuela, sus padres su mejor ejemplo.

Pienso en nuestra amiga Lizeth. Ella es una mujer inteligente y de porte distinguido, siempre elegante y presentable, aún en las actividades más cotidianas. Desde jovencita fue enseñada en todos los oficios propios de la mujer. Sabe cocinar de maravilla, su pastel de chocolate es el mejor del mundo. Puede hacer sus propios vestidos, entre muchas otras cosas. Es una pianista excelente, su aportación a la alabanza en la iglesia es excepcional. Y además es una excelente esposa y madre de cuatro hijos. Es una mujer creativa que siempre está aprendiendo cosas nuevas.

Cada vez que como rábanos recuerdo la creatividad de Norma, otra amiga de nuestra familia. El rábano es un humilde tubérculo de uso muy generalizado en la cocina mexicana para acompañar diversos platillos. Se puede servir en la mesa con todo y hojas, después de lavarlo. Una cocinera más dedicada le quitaría las hojas y quizá, incluso, lo serviría en rebanadas. Pero nunca olvido la ocasión en que asistí a una comida especial en la iglesia, y al asomarme a la mesa llena de platillos había uno que me llamó poderosamente la atención. Era un arreglo floral bellísimo, tenía rosas rojas, muchas rosas, con sus pétalos abiertos, acomodadas de una manera muy artística. Cuando me acerqué me asombró enterarme de que no eran rosas, ¡eran humildes rábanos!, servidos con orgullo por una mujer creativa que encontraba tiempo cada día para aprender algo nuevo y para hacer "obras de arte" que nos causaban admiración. ¿Cómo sirves tus rábanos? ¿Estas aprendiendo algo nuevo cada día?

Un paso más

Estas son las siete provisiones que Dios hizo para el primer hogar. En estos principios y en toda la Biblia encontramos las especificaciones del diseño de Dios para el hogar. Necesitamos volver al modelo original. Si anhelamos un hogar fuerte y feliz, necesitamos urgentemente conocer y aplicar los principios del *Manual del fabricante*. Luego debemos dar un paso más: entrenar a nuestros hijos.

CAPÍTULO 3

EL ENTRENAMIENTO Y LA DISCIPLINA

*Hijos, obedeced en el Señor a vuestros padres, porque esto es justo. Honra a tu padre y a tu madre, que es el primer mandamiento con promesa; para que te vaya bien, y seas de larga vida sobre la tierra. Y vosotros, padres, no provoquéis a ira a vuestros hijos, sino **criadlos** en disciplina y amonestación del Señor.*

—Efesios 6:1-4, énfasis del autor

Hace algunos años regresé de visita a una iglesia donde había enseñado acerca de la familia. Varias personas se acercaron para comentarme lo que les estaba ocurriendo en el hogar:

"No sé qué hacer con mi hijo de año y medio", me comentó una joven madre, mientras el niño la jaloneaba y lloriqueaba en sus brazos. "Es muy grosero y desobediente. Sus abuelos intervienen demasiado y lo consienten. Estoy desesperada."

"¿Qué hago con mi hijo de 18 años?", me preguntó un padre. "No quiere venir a la iglesia y discute mucho conmigo hasta que se sale con la suya."

Una joven pareja se me acercó, estaban sudando y parecían muy nerviosos. "Por favor ore por mi hijo de 3 años, nos da mucha pena los berrinches que hace en público y siempre terminamos haciendo lo que él quiere."

Poco después hablé con un pastor que además es el presidente de un colegio cristiano, me dijo: "Veo que los niños se inclinan demasiado al mundo. Estoy muy preocupado por la escasa disciplina que reciben y por la falta de disposición de los padres para disciplinarlos. Prefieren permitir que el hijo se salga con la suya que tener una confrontación. Los padres justifican la mala conducta de sus niños y consideran malo ejercer disciplina física".

Muchas veces, en las iglesias y en las familias, nos limitamos a suplir las necesidades inmediatas de los hijos, la provisión económica y la salud de sus cuerpos, pero olvidamos el desarrollo de su carácter. El resultado, tarde o temprano, es rebelión, dolor, preocupación, daño emocional y aún económico. En muchas ocasiones la situación es tan grave que simplemente nos sentimos tentados a aceptar nuestra derrota total como padres.

Disciplina y amonestación

El *Manual del fabricante* dice: "Criadlos en disciplina y amonestación". ¿De qué manera debemos criar, alimentar y sustentar a nuestros hijos? En disciplina y amonestación.

La palabra que se traduce como disciplina en este pasaje es, en griego, *paideia* que también puede ser traducida como "educación, capacitación, instrucción"; se refiere a la instrucción que se lleva a cabo mediante la acción. Denota la formación dada a un niño, incluyendo la instrucción; de ahí, disciplina, corrección; sugiriendo la disciplina cristiana que regula el carácter.1

Nuestros hijos necesitan ser instruidos mediante el ejemplo, a través de la práctica perseverante de principios, mediante la corrección y ajuste de los principios previamente enseñados. No podemos disciplinar a un hijo cuando tiene alguna falla si no lo hemos enseñado previamente, si no lo hemos entrenado de manera suficiente.

La palabra griega para amonestación es *nouthesia*, y puede ser traducida como advertencia, instrucción y entrenamiento; es la instrucción que se realiza mediante palabras de aliento o de represión. Esta amonestación es anterior al problema, es una advertencia, es una palabra de afirmación para ayudar al hijo a alcanzar su potencial. Un padre que reprende y disciplina sin haber amonestado a tiempo, sin haber dedicado tiempo para enseñar y entrenar, es insensato.

Sin embargo, hemos entendido por criar que nuestra obligación es alimentar y cuidar a nuestros hijos, mantenerlos mientras crecen, rogando que lleguen pronto a la mayoría de edad para deshacernos de ellos. En el proceso, tomamos una actitud pasiva: dejar pasar, dejar hacer, no corregir, ignorar, restar importancia a los hechos y a las actitudes. No nos damos cuenta de que criar a nuestros hijos de esta manera es, simplemente, dejarlos expuestos a ser sacrificados por Satán.

Nuestros hijos necesitan ser instruidos mediante el ejemplo, la corrección y el ajuste de los principios previamente enseñados.

Durante mi niñez vivíamos cerca de un rastro donde los granjeros llevaban a sus animales para ser sacrificados, para poder luego vender su carne en el mercado. Nunca he olvidado los chillidos de los cerdos al ir por la calle arrastrados por sus dueños de camino al matadero. Parecía que de alguna manera los cerdos sabían lo que les esperaba y chillaban con desesperación. Claro que ellos no entendían que para eso habían sido criados y que para eso los habían alimentado. Mientras más crecieran y engordaran más valiosos eran.

La comparación es grosera, pero esto es lo que muchos padres hacen con sus hijos. Los alimentan, en muchos casos literalmente los engordan, los mantienen mientras crecen, les dan un lugar donde vivir, pero les permiten vagar por donde quieran. No les ponen restricciones, les cumplen sus caprichos, básicamente los ignoran. Están demasiado ocupados en tantas otras cosas.

Al final, lo que sucede es que estos hijos son destrozados por el mundo y por el diablo. Sus vidas son un desastre, sus hogares son un caos.

La sicología moderna nos ha enseñado a criar bebés que son alimentados cuando ellos lo demandan, infantes que nunca son disciplinados, niños en edad escolar a los que hay que gritarles para lograr su atención, adolescentes "liberados" que no entienden razones, que a los catorce años ya exigen su independencia y para los dieciséis ya casi no se ven en casa. Los padres no saben dónde están o con quién andan.

Señales de advertencia

Permíteme dar una lista de señales de advertencia que pueden ayudarte a identificar si tu hijo está creciendo de la manera incorrecta:

En casa:
- Tu hijo no puede estar quieto. No puedes dejar nada a su alcance ni puedes alejarte de él sin estar muy preocupado porque él toma las cosas sin pedirlas, rompe sus juguetes o no los recoge después de jugar. Solo quiere jugar y no quiere hacer su tarea.
- Hay exceso de ruido en casa: gritos, golpes, música.
- Frecuentemente dice que está aburrido, que no está contento.

En el respeto a su madre:
- Es grosero y le pega; desde pequeño ha levantado la manita para pegarle a mamá, para jalar su pelo o sus aretes, causándole gran dolor. Le grita, le exige, le manda.

En su obediencia a la autoridad:
- Tu hijo se queja, llora y hace berrinches cuando dices: "¡No!". Se niega a comer o a hacer lo que le pides. No va cuando lo llamas. Tienes que explicarle el porqué cuando le pides algo. Evita hacer lo que

le pides mediante excusas, pretextos y palabrerías. Cuando lo castigas se enoja, grita, se tira al piso, azota la puerta, pretende vomitar.

En la tienda:
- Es horrible ir de compras con él. Hace berrinche si no le compras lo que se le antoja.

En otras casas:
- Te da vergüenza llevarlo a otra casa, porque seguramente causará destrozos.

En la iglesia:
- El niño no puede estar quieto durante el culto. Tienes que salir a pasearlo o llevarlo al baño tantas veces que en realidad no aprovechas para nada el sermón.

En público:
- Sientes que tienes que darle explicaciones a otras personas cuando él niño no te deja hacer lo que quieres o no te hace caso cuando le hablas.
- Te interrumpe cuando hablas con otras personas.
- Con frecuencia tienes que pedir disculpas por su comportamiento.

En su disposición para ayudar:
- Prefieres no pedirle ayuda porque sabes que su actitud será negativa y no te ayudará. Simplemente no hará caso y seguirá haciendo lo que estaba haciendo.

El elemento que falta

Resulta evidente que los métodos modernos para la crianza de los hijos son un rotundo fracaso. Necesitamos volver a los caminos antiguos. El *Manual del fabricante* dice: "Instruye al niño en su camino, y ni aún de viejo se apartará de él" (Proverbios 22:6). La palabra hebrea que se traduce como "instruye" se usa abundantemente en el libro de Proverbios y significa "entrenar, capacitar, disciplinar". Se usa principalmente en conexión con la enseñanza de la sabiduría. "En su camino" podría traducirse: por el camino donde debe andar. No sólo debemos criar niños, debemos entrenarlos. El entrenamiento es el elemento que más falta hace en la mayoría de los hogares.

Criar a nuestros hijos a la manera de Dios involucra: entrenar, instruir, educar, practicar, moldear, capacitar, advertir, castigar, corregir, disciplinar. No sólo se cuida su bienestar físico, también se enfatiza su bienestar espiritual y moral. El objetivo es guardarlos de Satán y lograr que sean píos tanto en pensamiento como en acción, para que su corazón esté listo para responder la voz de Dios, y para que sean dignos portadores del estandarte de Dios en su vida.

La meta

¿Cuál es el propósito de la educación y el entrenamiento de un niño? ¿Llenarlos de conocimiento académico? ¿Saturarlos de *cultura*? ¿Prepararlos para que tengan éxito en el ámbito laboral?

Para algunos padres, el mayor anhelo es poder enviar a sus hijos a estudiar al TEC de Monterrey o, quizá, a alguna prestigiosa universidad de Estados Unidos o de Europa. ¡Qué categoría! ¡Eso asegurará el futuro de nuestros hijos! Pero, ¿es eso lo más importante? ¡Yo pienso que no!

La meta de la crianza de nuestros hijos debe ser la restauración espiritual.

La meta de la crianza de nuestros hijos debe ser la restauración espiritual, debemos ayudarlos a restaurar la imagen de Dios en su vida, que puedan tener una conducta y un carácter semejante al de Cristo.

No significa esto que debamos hacer a un lado todas las disciplinas académicas, sino que éstas deben ser sólo un medio para alcanzar el fin de formar siervos de Dios.

La verdadera educación involucra la transformación y el desarrollo de la mente y espíritu de un niño para que pueda servir a Dios y vivir para él. Sólo entonces cumpliremos nuestra misión con éxito.

Hay que empezar temprano

Muchos intentan empezar cuando ya es demasiado tarde, cuando el niño ha crecido y su mal comportamiento exige disciplina severa. La disciplina es parte del entrenamiento, pero no es suficiente para lograr el buen comportamiento.

Entrenar significa trabajar con el niño antes de que surja la crisis, prepararse para el futuro, enseñando al niño desde pequeño a que obedezca en el momento y sin cuestionar. Su obediencia debe manifestarse hoy, no mañana.

El niño debe ser enseñado a regular su propio comportamiento desde su corazón en conformidad con la ética bíblica. Primero debe aprender cómo actuar correctamente, aunque no lo entienda. Después debe aprender cómo pensar correctamente, con el fin de que al crecer sepa cómo regular su comportamiento por sí mismo.

La sabiduría de Dios dice: "Porque cual es su pensamiento en su corazón, tal es él" (Proverbios 23:7 énfasis del autor). Allí está la clave. Hay que trabajar en el corazón. El comportamiento revela lo que hay en el corazón. Su conducta es simplemente un reflejo de lo que está en su corazón. Necesitas enfocar tus esfuerzos a enseñar y entrenar. Cuando entrenes a tu hijo:

- No des lecciones fuera de tiempo que más bien parecen sermoneos sin sentido — ¡entrena!
- No golpees, ni abuses de tu fuerza — ¡entrena!
- No castigues para desquitar tu vergüenza o coraje — ¡entrena!

Este es un trabajo de dos

El esposo y la esposa deben trabajar juntos, como un equipo. Deben entender el modelo bíblico: el esposo debe dar liderazgo y dirección, la esposa debe estar dispuesta a someterse a ese liderazgo. Juntos deben instruir a sus hijos.

El estilo de vida de ocupación excesiva, un mal de nuestro tiempo, impide en muchos hogares la intervención de ambos en la crianza de los hijos. Simplemente no están en casa. Antes de que se puedan dar cuenta los hijos ya crecieron y salieron del nido. El contacto entre padres e hijos prácticamente desaparece, produciendo efectos muy semejantes a los del divorcio y causando nuestro más serio fracaso como padres. El padre y la madre tienen demasiadas ocupaciones y están muy cansados. No tienen tiempo para sus hijos. Nadie suple sus necesidades. Viven solitarios y caen en toda clase de problemas: suicidio, abuso de drogas, crimen y problemas sexuales. Cuando pretenden darles a sus hijos tiempo de calidad, generalmente sólo se trata de un pretexto para no darles ni calidad ni cantidad.

Por incontables razones, en muchos hogares los hijos sólo cuentan con uno de los padres, generalmente la madre. Mientras la madre trabaja, los niños tienen que ir a una guardería o quizá a casa de los abuelos.

A veces por razones económicas el padre emigra a otro país para buscar el sustento, dejando atrás a su familia. En México existen pueblos en los que los habitantes son exclusivamente mujeres, niños y ancianos. Los padres están en Estados Unidos, enviando dinero, a veces mucho dinero, pero destruyendo la vida familiar.

Ana es un caso típico, un reportaje de la revista *Newsweek* sobre los inmigrantes mexicanos en Estados Unidos relata su historia.

Sintiendo que su futuro y el de sus hijos eran muy sombríos, decidió dejar a sus hijos al cuidado de la abuela para ir en pos del "sueño americano". Pensaba trabajar allá sólo por un tiempo, en lo que salía de sus deudas. En cierto sentido tuvo éxito, encontró trabajo. Enviaba dinero para el sustento de sus hijos y les llevaba ropa y juguetes en sus esporádicas visitas. Sus hijos tenían todo. Seis años después, ella había tenido tres malas relaciones, y tanto ella como sus hijos se habían acostumbrado a disfrutar de cosas materiales que, pensaba ella, no podría obtener si regresaba a México.

Por otro lado, supe del caso de Pedro. Él dejó en Oaxaca a su esposa y seis hijos. Aunque no hablaba inglés, logró encontrar trabajo de construcción en Wisconsin, en donde un contratista cristiano, sintiendo que hacía una labor misionera, lo acogió en su propio hogar. Hoy Pedro vive muy bien. Tiene casa, comida, trabajo, dinero y el cuidado amoroso de una familia cristiana. Incluso, ya tiene una novia. ¿Piensa regresar a México o llevar a su familia a Wisconsin? No, él piensa que "es muy caro, difícil y riesgoso. Pero a veces les mando dinero".

Dinero, ropa, juguete, objetos y casas. ¿De eso consiste la vida? ¿Es eso lo mejor que le podemos dar a nuestros hijos? Para millones de inmigrantes esa es la meta. Si lo logran estarán más que satisfechos.

La mayoría de nosotros no nos encontramos a miles de kilómetros de nuestros hogares, pero parece que tenemos la misma filosofía. Vivimos y trabajamos hasta el agotamiento para darles dinero, ropa, juguetes, objetos y casas, cuando lo que ellos más necesitan es a sus padres.

Vino a hablar conmigo Oziel, un joven de la iglesia que tenía una carga en su corazón. Me dijo: "Yo estuve junto con muchos otros niños en la Escuelita Bíblica que se llevó a cabo en su casa hace muchos años. Hoy me doy cuenta que la mayoría de esos niños ya no están en la iglesia. Muchos de ellos tienen la vida arruinada, andan lejos de los caminos de Dios. Me doy cuenta de que mi generación es una generación perdida… y no es la única. ¿Por qué pasa eso en nuestra iglesia?"

Creo que hay varias respuestas difíciles de asimilar, pero la principal tiene que ver con la responsabilidad que Dios les da a los padres. El ejemplo de ellos debe constituirse en el principal modelo para sus hijos, pero la ociosidad espiritual, la falta de conocimiento del Dios verdadero y, sobre todo, la falta de concordancia entre la enseñanza y la práctica, aniquilan cualquier intento de criar hijos de acuerdo al corazón de Dios.

Casi por regla general, los grandes hombres en la historia han tenido padres ejemplares. La influencia que ejercen los padres sobre sus hijos es decisiva para determinar su éxito o su fracaso en la vida. Cuando un hijo recibe de sus padres enseñanza y entrenamiento, de palabra y de hecho, cuando tiene en sus padres el ejemplo y el modelo a seguir, recibe la mejor herencia que jamás pudo imaginar.

> La influencia que ejercen los padres sobre sus hijos es decisiva para determinar su éxito o su fracaso en la vida.

El padre de Maxwell

John Maxwell es un reconocido autor y conferenciante cristiano cuyos libros han ocupado en muchas ocasiones los primeros lugares en la prestigiosa lista del *New York Times*. En su libro *Los 21 minutos más importantes en el día de un líder* (Editorial Betania), nos comparte los siguientes pensamientos acerca de sus padres:

"Tuve el privilegio de nacer en un hogar en el que disfruté de unos padres virtuosos y ejemplares. Mis padres, Melvin y Laura Maxwell, fueron una gran influencia en mi vida porque yo pude consistentemente:

Oír cómo oraban en serio y con frecuencia.
Escuchar cómo hablaban acerca de las cosas de Dios.
Oír cómo compartían su fe con otros.
Ver que siempre ponían a Dios en primer lugar en los asuntos financieros.
Ir con ellos a visitar a los menos afortunados.
Oírlos decir sólo cosas positivas acerca de otra gente.
Verlos crecer mental y espiritualmente.
Sentir su profundo amor y compromiso mutuo.
Percibir su íntima relación con Dios.

No hay legado que pueda compararse a la influencia positiva que un líder puede ejercer sobre su familia... si quieres impactar tu comunidad, tu país o tu mundo, el lugar por el que debes empezar es tu propio hogar."

El papel del padre

La responsabilidad principal de la crianza y entrenamiento de los hijos la tiene el padre. Sin embargo, con frecuencia esta responsabilidad no se toma en serio y las consecuencias son muy tristes.

Tim Kimmel, presidente de *Generation Ministries* en Scottsdale, Arizona escribió lo siguiente:

"Recientemente leí un artículo en el periódico que me recordó lo importante que es la participación de los padres en la crianza de su familia. El artículo relataba que la compañía Hallmark había distribuido gratuitamente tarjetas de felicitación del Día de las Madres en la penitenciaría estatal. Cualquier preso que deseara enviar felicitaciones a su mamá, simplemente escribía en una tarjeta, le ponía la dirección al sobre, y Hallmark se hacía cargo del resto. Pero la compañía no había llevado suficientes tarjetas. Multitud de prisioneros salieron de sus celdas para enviar mensajes de amor a sus madres. Tras el éxito del proyecto del Día de las Madres, Hallmark decidió hacer lo mismo el Día del Padre. En esta ocasión llevaron tarjetas suficientes para todos los presos que quisieran enviar saludos a sus padres. Nadie salió de su celda.

Este artículo me hizo pensar acerca de la relación que existe entre los hijos y sus padres. El corazón de un hijo queda atado a su madre desde su concepción. Esta ligadura natural y saludable con frecuencia permanece fuerte aún a través de las circunstancias más duras.

Sin embargo, los lazos con los padres no se dan fácilmente. Estos lazos deben ser establecidos por el padre y deben ser fortalecidos a lo largo del tiempo. Nuestras penitenciarías están llenas de ejemplos de lo que sucede cuando los papás hacen caso omiso de esta responsabilidad.

Necesitamos padres heroicos que se paren en la brecha a favor de sus hijos. Necesitamos hombres de valor que se den cuenta del alto costo del amor y que no tengan miedo de pagarlo. Necesitamos algunos hombres buenos que, sin reserva alguna, levanten la bandera de Cristo y la enarbolen tanto en público como en el hogar."[2]

Veremos siete características deseables en el padre que quiere dirigir y participar en el entrenamiento del carácter de sus hijos:

1. Que ame a Dios sobre todo

Necesitamos padres cuya pasión sea conocer, amar y servir a Dios.

En la mayoría de nuestros países latinoamericanos podemos identificar fácilmente a un hombre cuya pasión es el fútbol. Conoce todas las estadísticas de su equipo favorito. Tiene y usa con orgullo la camiseta del equipo. Tiene banderines en su casa y en su auto. Cuando hay un partido importante está dispuesto a comprar un boleto al precio que sea, y si es necesario, puede ir de madrugada para formarse en la taquilla, pero no puede perderse el juego. Lo menos que hará será verlo por televisión. Y se emocionará, gritará, se alegrará o se enojará, dependiendo del desarrollo del partido. Durante ese tiempo él no puede ser interrumpido, no hay nada más importante. ¡Ese es un hombre que ama el fútbol! Sus hijos lo saben, su esposa lo sabe, sus amigos lo saben. ¡Ama el fútbol!

Para otros el amor de su vida parece ser su trabajo, la práctica de algún deporte o su automóvil, y todos lo saben. Pero lo que nuestros hijos necesitan es ver la pasión que sentimos por Dios.

Necesitan saber que confiamos en Dios plenamente, que incluso creemos que Él puede hacer milagros en nuestro hogar. Necesitan ver que conocemos y respetamos los principios de la Palabra de Dios. Que cuando necesiten un ejemplo de fe y amor, de veracidad y honestidad, pueden voltear sus ojos a nosotros y no los vamos a defraudar.

La prioridad fundamental de un padre cristiano es transmitir la fe: pasar la estafeta a sus hijos. Debe darse tiempo para leer la Palabra y cantar juntos en casa, estableciendo tiempos devocionales para la familia.

2. Que ame a su familia más que a cualquier persona

Necesitamos esposos que amen a sus esposas y las hagan sentirse amadas, que ellas sepan que no existe ninguna otra mujer en su vida, que no hay persona alguna a quien amen más que a ella. Es importante decirlo, en todas las formas posibles, con la mayor frecuencia posible. Se debe expresar con palabras, aunque también se puede expresar con flores o con acciones amables.

Debe hacer sentir a sus hijos que son amados y que son aceptados. Una de las mejores maneras de expresar amor, de tal manera que no quede lugar a dudas, es dedicando tiempo a la esposa y a los hijos.

El amor se manifiesta cuando se pone atención a la vida familiar, supervisando el comportamiento de los hijos en todo tiempo. Puede supervisar en persona, eso es lo mejor, pero también lo puede hacer a través de su esposa, a través de otros adultos responsables, y sobre todo, orando que Dios esté con ellos en todo tiempo. Lo importante es que siempre esté enterado de lo que sucede en el hogar y en la vida de sus hijos.

Nuestro amor por nuestra familia debe ser conocido por todos los alrededores.

Aún cuando la mamá es la que lleva a cabo la mayor parte del entrenamiento en la práctica, el padre debe mantenerse informado, cada día, de la condición y el comportamiento de sus hijos. Nuestro amor por nuestra familia debe ser conocido por todos los alrededores. En el trabajo y en la iglesia, en el vecindario y en la escuela, todos deben saber cuánto los amas.

No esperes hasta que sea demasiado tarde, expresa hoy lo que quizá mañana ya no podrás decir. Vive como si fueras a morir la próxima semana.

3. *Que sea un hombre trabajador, responsable y diligente*

Muchos hijos salen del hogar siendo unos flojos para el trabajo y carentes de todo sentido de responsabilidad, porque no tienen un modelo correcto en su padre.

Dick DeVos, presidente de *Amway*, recuerda sus años de formación en un hogar en el que Cristo ocupaba el lugar más importante. Sus padres constituyeron el mejor modelo para su vida, pues según él comenta: "La característica que mejor definía a nuestra familia era que mi padre y mi madre vivían en casa lo que hablaban en público. Había una consistencia total entre lo que decían y la manera en la que vivían".

A pesar de las presiones que enfrentaban por tener una familia en crecimiento y un negocio que empezó en el sótano de su casa, los DeVos tomaban seriamente la responsabilidad de criar a sus hijos con una sana ética de trabajo. "Nuestros padres nos animaban a desarrollar plenamente, y a explorar las habilidades que Dios nos había dado desde niños", explicaba Dick. "Nos empujaban a salir y hacer lo que podíamos hacer y ser lo mejor que podíamos ser con los talentos que habíamos recibido".

Su padre levantó una empresa que revolucionó el mercado de venta directa y fue un hombre que nunca ocultaba su fe y sus principios. Para preparar a sus hijos estableció un programa de entrenamiento dentro de *Amway* con duración de cinco años. Tenían que trabajar virtualmente en cada área de la empresa. "Yo hice de todo, desde cargar camiones, trabajar en las líneas de producción, en investigación y desarrollo, en mercadotecnia, en contabilidad —recuerda Dick—, siempre que se necesitaba tenía que suplir a las personas que faltaban en cualquier departamento".

Dick sucedió en la presidencia a su padre, y bajo su dirección *Amway* ha crecido hasta convertirse en un gigante de las ventas directas con presencia en 18 países.[3]

El padre debe ver el trabajo como lo que es: una bendición de Dios para su vida y para su familia. Debe trabajar con diligencia, confiando que Dios bendecirá la obra de sus manos. Debe ahorrar para el futuro, para emergencias, para los estudios de los hijos. ¿Qué haría tu familia si murieras hoy? Debe hacer su testamento anticipándose a lo inevitable, para tener todo en orden y evitarle problemas a la familia. Debe darle el lugar correcto al trabajo y al reposo, reconociendo la importancia que ambos tienen en la vida familiar.

4. Que esté comprometido con la iglesia

Es un hombre que comprende que la iglesia es la obra más cercana al corazón de Dios y, por lo tanto, está comprometido con su edificación y fortalecimiento. Es necesario que no tome a la ligera las cosas de Dios, pero también que no sea religioso ni legalista.

Una de las maneras en que podemos mostrar nuestro compromiso con Dios es guardando el día del Señor. Debemos lograr que el día del Señor sea muy especial para todos. Ir a las reuniones de la iglesia debe ser causa de alegría.

Siempre habrá muchas otras cosas importantes que podríamos hacer en domingo. Podríamos llevar a casa el trabajo que nos falta para concluir un proyecto muy importante para la empresa. Quizá algún miembro de la familia practica un deporte y los juegos se celebran precisamente en domingo. Quizá, como es el caso de aquellos que se dedican al comercio, el domingo es el día de más ventas, sería un suicidio cerrar en domingo.

Necesitamos enamorarnos del Señor y de sus caminos en tal forma, que resulte nuestro gozo y delicia separar un día completo a la semana para cesar de buscar nuestros propios placeres, nuestro trabajo, nuestras metas personales, y centrarnos solamente en deleitarnos en Él y en escuchar su voz.

Eric Liddell era el mejor corredor de los 100 metros planos en el Reino Unido. Todos esperaban que él ganara la medalla de oro en los Juegos Olímpicos de 1924. Cuando le dieron el calendario de pruebas se quedó atónito.

"Al lado de las eliminatorias de los 100 metros había una palabra temible: ¡Domingo! Eric miró la página por largo rato. Domingo. Indudablemente decía domingo. Pero él no correría en domingo. No le cabía ninguna duda. Su entrenador y la Asociación Escocesa de Atletismo ya sabían que él no corría los domingos; nunca lo había hecho ni lo haría. Desde su más temprana infancia se le había enseñado que el domingo era el día del Señor —Eric había nacido en China donde sus padres servían como misioneros—, y nada, ni siquiera la promesa de una medalla de oro, podía hacerle cambiar de idea.

El decepcionado Comité Olímpico Británico le pidió que participara en la carrera de 400 metros, aun cuando no tuviera muchas opciones de medalla en ninguna de las dos pruebas. Eric aceptó.

Liddell logró llegar a la final de los 400 metros, pero definitivamente no era el favorito para ganar. Para la gente era obvio que Eric era un corredor de 100 metros planos que no tenía idea de cómo correr los 400. Cuando, contra todos los pronósticos, Eric cruzó la meta, no sólo había ganado la medalla de oro, sino que había roto el récord mundial. Se dice que el estruendo de la multitud se escuchó en todo París. Su increíble victoria fortaleció aun más su fe en la promesa de Dios: 'A aquel que me honra yo le honraré'."[4]

¿Podemos honrar al Señor de esta manera en nuestra vida? Él nos bendecirá cuando honremos, no al día mismo, sino al Señor del día, cuando apartemos ese tiempo para adorarlo y expresarle nuestro amor y nuestra lealtad.

El autor Dick Iverson nos comparte la manera en que él aprendió este principio en su vida:

"Yo creo que deberíamos enseñarle a nuestros hijos a honrar el día del Señor y ante todo, enseñarlo con el ejemplo. Recuerdo que siempre que la casa del Señor estaba abierta en el día del Señor, nada podía detener a nuestra familia de estar allí. No importaba si había una tormenta de granizo, de nieve o cualquier otra cosa, mi madre y mi padre, mis dos hermanos y yo nos metíamos al carro, y manejando entre lluvia y nieve en Minnessota nos dirigíamos a la casa de Dios. Aunque no hubiera ninguna otra familia, mi mamá, mi papá y los tres pequeños hermanos Iverson estábamos allí para adorar y servir al Señor. Yo crecí deleitándome en los domingos, sabía que el domingo era un día especial y tenía que tratarlo con respeto. Agradezco a Dios por los padres que me enseñaron que tiene sentido y hay fruto en la vida cuando servimos al Señor y le damos a él ese día cada semana".[5]

5. Que sepa ejercer la autoridad en el hogar

Que acepte y aprecie la posición de autoridad que Dios le ha dado en el hogar. Que sepa corregir y administrar disciplina, entendiendo que el objetivo de la disciplina es dar forma a la voluntad sin quebrar el espíritu o la autoestima del niño.

Que estorbe a sus hijos en todo camino de pecado. Pero que sepa que no se puede ejercer autoridad si no ha establecido primero una fuerte relación con ellos. Como lo expresa Josh McDowell: "Las reglas sin relación dan como resultado la rebelión".

No puedes simplemente decir: "Aquí yo soy la autoridad y todos se tienen que someter".

De hecho, si sientes que tienes que decir que tú eres la autoridad, probablemente no lo seas, probablemente hayas perdido ya el respeto de tus hijos. El padre no debe olvidar que él mismo es un hijo de Dios y que el Padre demanda obediencia de él.

Es el privilegio del padre establecer y mantener normas de obediencia en el hogar, incluso debería establecer con sencillez y claridad un reglamento para sus hijos que podría incluir conceptos como:

- Mostrar respeto en todo tiempo a Dios y a sus padres.
- Respetar los derechos ajenos y la propiedad de otros. Como lo dijera el célebre Benito Juárez: "El respeto al derecho ajeno, es la paz".
- Expresar sus emociones de manera apropiada. No a la cultura del grito. No al berrinche. El niño se puede enojar, pero sin violencia, mal vocabulario o golpes.
- Mantener orden en su persona y sus pertenencias: aseo personal, juguetes, útiles, ropa, cama, etc.

Una vez que se haya establecido un reglamento, debemos ser consistentes y firmes, no podemos bajar el estándar. Los niños siempre buscarán la forma de "brincar" la autoridad de sus padres. Cuando no pueden convencer a papá van con mamá y procuran obtener de ella lo que papá no les permitió, o viceversa.

—Mamá —pregunta el niño—, ¿puedo comerme un dulce?

—Ahora no, hijo, ya es hora de dormir y ya te lavaste los dientes.

Entonces el niño va con papá y le pide lo mismo. Él lo deja comerse el dulce.

A veces los padres hacen un esfuerzo para evitar esta manipulación. Con cautela el papá contesta:

—No creo que debas comerte un dulce a esta hora, ¿por qué no le preguntas a mamá?

Entonces el niño va con mamá y le dice:

—Papá dice que si me puedes dar un dulce.

Desde el principio hice un trato con mi esposa para verificar siempre con el otro antes de dar una respuesta a un hijo y nunca permitir que un niño manipule a sus padres o los haga caer en desacuerdos. Incluso cuando uno piensa que el otro no está en lo correcto, hemos decidido respaldar su decisión. Es muy importante que el niño vea la unidad de sus padres y el respeto que se tienen mutuamente.

6. *Que hable con su familia, en grupo y por separado*

Los hombres somos famosos por nuestra incapacidad para hablar... cuando estamos en casa. Podemos hablar por horas con nuestros amigos acerca de deportes o cualquier otra cosa. Podemos hablar con nuestros compañeros de trabajo extensamente acerca de nuestros proyectos. Pero... hablar con nuestros hijos... hablar con nuestra esposa... eso nos cuesta trabajo.

La comunicación en nuestro hogar requiere el uso del lenguaje. No podemos enseñarles los caminos de Dios sólo con monosílabos o con gestos. No podemos instruirlos ni entrenar con el lenguaje de los mudos.

Siguiendo el ejemplo de los Wesley, deberíamos dedicar un tiempo especial para cada uno de nuestros hijos, para hablar con ellos, para conocerlos. Sería bueno, incluso, salir con cada uno a solas. Darles un tiempo completamente dedicado a ellos, fuera de casa. Hacerlos sentir que son especiales y que nos interesa todo lo referente a sus vidas.

Una de las cosas que más debemos expresar es nuestra bendición. Cada día debemos hablar palabras de bendición sobre nuestros hijos. Palabras de bendición tomadas directamente de la Biblia. Palabras de bendición salidas de nuestro corazón. Palabras en las que les transmitamos nuestro amor y nuestra fe.

Cada día debemos hablar palabras de bendición sobre nuestros hijos.

Recientemente, en un Encuentro Pastoral, Marcos Witt nos compartía lo que él hace cada noche para bendecir a sus hijos: "Cada noche voy a su cuarto antes de que se duerman y les digo tres cosas: Te amo, eres un campeón y vas a ser millonario. Quiero que se duerman pensando en esto y que la primera cosa que recuerden al despertar sea que su padre los ama, que su padre cree que ellos son campeones y que Dios los va a prosperar abundantemente. Cuando menciono el asunto del dinero algunos cristianos me miran extrañados, incluso piensan que estoy haciendo algo 'carnal', pero yo les contesto: Me urge que mis hijos sean millonarios para que me den sus diezmos y yo pueda llevar a cabo el ministerio que Dios me ha encomendado". No seas uno más entre la multitud de padres que jamás dicen: "Te amo". No permitas que la muerte llegue, y al lado de tu tumba tus hijos digan: "No recuerdo una sola vez que me dijera que me amaba".

7. *Que tenga un espíritu de servicio*

El hombre latinoamericano ha sido criado para ser servido. Desde pequeño se acostumbra a recibir todo en casa. Su alimentación, su ropa limpia y su cuarto en orden, son sus "derechos divinos". Él no tiene que mover un dedo para tenerlo todo, especialmente cuando tiene la dicha de tener hermanas. Su madre y sus hermanas cumplen sus caprichos y deseos. No es de extrañar que algunos hombres se sientan tan cómodos en su casa que posponen indefinidamente el matrimonio, y cuando por fin se casan, le hacen la vida de cuadritos a su esposa, porque siempre la están comparando con su madre. Qué difícil resulta entonces asimilar el modelo de Jesús que dijo: "El Hijo del Hombre no vino para ser servido, sino para servir" (Mt 20:28).

Hay muchas maneras en las que podemos ayudar en el hogar. No necesitamos ser expertos cocineros ni especialistas en artes hogareños, pero siempre habrá pequeñas tareas que podemos hacer para contribuir en el hogar. Aquí van algunas ideas:

- Hacernos cargo de los arreglos de pintura, plomería o electricidad.
- Recoger nuestra ropa sucia o las herramientas que usamos.

- Sacar a pasear a los niños para darle un tiempo a solas a mamá.
- Ayudar con las tareas escolares de los niños.
- Llevarlos a comer afuera para que mamá descanse de la cocina.
- Ser responsable del mantenimiento del automóvil.
- Servirles el desayuno de vez en cuando.

Si queremos formar siervos de Dios, tenemos que enseñarles a servir con el ejemplo que damos.

Lo mejor que puedes no es suficiente

No es suficiente con hacer tu mejor esfuerzo —salga lo que salga—, tú eres responsable de lo que tus hijos lleguen a ser.

A Elí se le requirió acerca del comportamiento de sus hijos, aunque estos ya eran adultos (1 Samuel 3:13). Abraham fue bendecido porque crió bien a sus hijos (Génesis 18:17-19).

Los que anhelan ser líderes son evaluados, en parte, por la manera en que están entrenando a sus hijos (1 Timoteo 3:4, 5, 12; Tito 1:6).

El padre es responsable del fruto que se produce en sus hijos.

Pero no se requiere que seas perfecto

No quiero decir que el padre debe ser perfecto. Las características antes mencionadas sólo tienen la intención de alumbrar el camino por el que debemos andar. Cometeremos errores y nos sorprenderemos al ver cómo la gracia de Dios suple nuestras deficiencias. Tomaremos decisiones equivocadas en el proceso de formación de nuestros hijos y quedaremos asombrados al ver la fidelidad de Dios y la resistencia de nuestros hijos. No hay recetas mágicas para ser padres de éxito. Tendremos que improvisar en el camino. Tendremos que enmendar muchos errores, pero a pesar de todas nuestras fallas, cuando tenemos el anhelo de ser un padre conforme al corazón de Dios, veremos el fruto y nos gozaremos.

Bob Carlisle se hizo famoso cuando grabó la canción *"Butterfly Kisses" (Besos de mariposa)*. Escribió esta canción para su hija Brooke, poco antes de que ella cumpliera los 16 años. Una noche lo golpeó la realidad de que su bebita había crecido y que pronto ya no estaría viviendo en casa. El gozo de muchos recuerdos felices y la carga de las oportunidades perdidas chocaron en su corazón y la canción simplemente brotó de allí. No pensó grabarla, era sólo una carta de amor para su hija, pero Dios ha usado esta canción para conmover el corazón de muchos padres alrededor del mundo. En caso de que no lo sepan, los besos de mariposa se dan acariciando con las pestañas la mejilla de la otra persona.

En las estrofas narra de manera muy bella las diferentes etapas en la vida de su hija desde que nace hasta que la entrega el día de su boda. En el coro expresa el corazón de muchos padres que se saben imperfectos, pero agradecidos por el privilegio de tener el cariño de una preciosa hija:

"Oh, entre todo lo que he hecho mal,
    algo debo haber hecho bien,
para merecer un abrazo cada mañana,
    y besos de mariposa en la noche".[6]

"El primer llamado que recibí de Dios —dice Bob— no es para ser cantante, sino para ser el esposo de Jacque y el fiel padre de Brooke y Evan. Viajar por todo el mundo y cantar para la gente es una maravillosa bendición; y poder hacerlo me hace sentir humilde, pero amigos míos, eso es algo extra. Mi ministerio, si es que tengo alguno, es el de ser papá y esposo. No lo hago a la perfección, sin embargo, ese es mi verdadero llamado".[7]

¿Qué hacer cuando no hay padre?

Criar niños sola es una de las tareas más duras del universo. A veces, simplemente el padre no existe en el hogar. Otras veces el padre está de cuerpo presente, pero en la práctica ha renunciado a su posición y privilegio de ser el líder y la cabeza de su familia.

Cualquiera que sea el caso, la mujer debe guiar a sus hijos. Debe respetar a su marido, si lo tiene, pero no debe mantenerse al margen, no debe dejar a sus hijos a la deriva.

Cuando el esposo no es cristiano el liderazgo espiritual de los hijos recae por completo en la madre. Aun en esta circunstancia la esposa debe manifestar respeto por su esposo. Necesitará dosis extra de la gracia divina para actuar con sabiduría "obedeciendo primero a Dios" sin que él se sienta agredido y, sobre todo, cuidando que los hijos honren a su padre. A toda costa debe evitar caer en la actitud de: "Yo soy la espiritual. Yo conozco a Dios y su Palabra. Tú eres el mundano. No sabes nada de cómo educar a nuestros hijos". Esta clase de actitud destruye la comunión familiar y perjudica a los hijos.

La iglesia debería tomar un papel decisivo para ayudar a las mujeres que están criando solas a sus hijos.

Por lo general las madres solteras y muchas parejas jóvenes, tienen que vivir en casa de sus padres. Cuando, además, tienen que trabajar para sostener a su bebé, se encuentran en una situación muy difícil. Su bebé pasa la mayor parte del tiempo con sus abuelos. Ellas tienen pocas oportunidades para participar en la formación de su hijo y con frecuencia se presentan conflictos con los abuelos acerca de su cuidado, educación y disciplina.

Los queridos abuelitos merecen toda nuestra gratitud por la ayuda tan generosa que brindan, pero debemos pedirles algo muy especial: respeten a la joven pareja, respeten a la madre soltera, denles la oportunidad de ser ellos quienes decidan de qué manera van a criar a su hijo. Denles todos los consejos llenos de la sabiduría que han acumulado en su vida, pero dejen que sean ellos los que tomen las decisiones. La iglesia debería tomar un papel decisivo para ayudar a las mujeres que están criando solas a sus hijos. Ellas necesitan aliento y consuelo. Necesitan todo el respaldo práctico y espiritual que les podamos dar. Sus hijos necesitan amigos y necesitan modelos. Necesitan ver que existen hombres piadosos y temerosos de Dios a quienes pueden imitar. Necesitan ver que hay familias que aman a Dios y que están caminando juntos de acuerdo al modelo de Dios y que Dios también les puede dar a ellos una familia así.

Consejos prácticos para la aplicación de la disciplina

Los siguientes consejos están basados principalmente en las recomendaciones hechas por el Dr. Ray Ballmann en su excelente libro *Solid Rock Families in a Crumbling World* (Familias sólidas como roca en medio de un mundo que se derrumba).[8]

Uno de los principios fundamentales a la hora de aplicar disciplina en el hogar es que ambos padres estén de acuerdo en las reglas, las políticas y las maneras de aplicación de la disciplina. Pocas cosas causarán mayor desorden y confusión en el hogar que el hecho, lamentablemente frecuente, de que la madre no esté de acuerdo en este asunto con su esposo, o viceversa. ¡Y que se lo comuniquen a los hijos!

Bebés

Un bebé es un regalo de Dios, pero no debemos olvidar que todo bebé nace en pecado y tiene la inclinación a complacerse a sí mismo. Tienes que entender, y lograr que él también lo entienda, que tú eres su autoridad, entrenador, maestro y conciencia, hasta que él esté en capacidad de tomar el control en las diferentes áreas de su vida.

Desde bebé hay que enseñarle qué clase de padres somos, su autoridad o su esclavo, y cuánto puede él influir en las decisiones del hogar: Llorando, quejándose y exigiendo.

Muchos permiten que el bebé controle y manipule el hogar. A través del llanto, las quejas y los gritos, él determina cuándo comer, cuándo ser cargado, cuándo ser paseado, etc., logrando que todos los miembros de la familia se sientan miserables.

Uno de los principios fundamentales a la hora de aplicar disciplina en el hogar es que ambos padres estén de acuerdo en las reglas, las políticas y las maneras de aplicación de la disciplina.

El uso de orden y rutinas ayuda al bebé a reposar —y a la madre también— y a confiar que sus necesidades serán suplidas.

Los que saben, recomiendan dar pecho cada 3 horas los primeros días y cada 4 horas después, para entrenar al bebé. El orden es un principio de disciplina que el bebé necesita aprender. No estamos condenados a sufrir con los bebés, debemos esperar tener hogares ordenados, con bebés lindos y obedientes.

Desde pequeños deben aprender que hay un tiempo apropiado para todo: tiempo para jugar y tiempo para reposar; tiempo para comer y tiempo para dormir. Dios hizo la noche para reposar.

Bebés que ya gatean

Su nueva libertad es una oportunidad para establecer tu autoridad. Se debe mantener una rutina de comer, dormir y estar despierto. Debe aprender a jugar solo, no es necesario que la mamá lo esté entreteniendo siempre.

Cuando hay un comportamiento indeseable debemos:

Decir ¡NO! —con firmeza, pero con calma.

Reforzar el "no" con un pequeño golpe en su manita, enseñándole que hay consecuencias para la desobediencia y que hay límites.

Se puede dar un pequeño golpe en la piernita, al tiempo que se dice ¡NO!, mostrándole cuál es el comportamiento adecuado, por ejemplo al cambiarle el pañal o al darle de comer.

No permitir que manifieste rebelión o desobediencia: Levantando sus hombros, pateando el piso con enojo, pegando o volteando la cara o los ojos, porque todas estas cosas implican falta de respeto.

Con calma y control se debe aplicar la disciplina en obediencia a Dios, para preparar su corazón para obedecer a Dios.

En esta edad se debe empezar a enseñar el uso de las palabras "mágicas": Gracias, Por favor, etc.

El niño que camina
(de 15 meses a 4 años)

Hay que cazar las zorras cuando son pequeñas, cuando crecen se torna muy difícil (lea Cantares 2:15). Esta es la edad más importante para lograr que tu hijo tenga un corazón obediente. La meta es lograr obediencia total y a la primera.

Aquí es donde más se necesita la vara, el niño va a desobedecer y tú vas a necesitar disciplinar con confianza y consistencia.

Hay algunas palabras esenciales cuyo significado debe ser muy claro para el niño: No, ven, alto y deja eso. Por ejemplo:

Siempre que el niño quiera hacer algo incorrecto, hay que llamarlo por su nombre y decir con firmeza: ¡NO! Cuando sea necesario hay que reforzarlo con un golpecito en la mano. Hay que ser consistente y perseverante.

En cualquier momento, extiende tus manos y dile: ¡VEN! Si corre alejándose, grita, o dice: ¡No!, debes practicar con él, entrenándolo hasta que aprenda a venir a la primera. Cuando vaya, prémialo con sonrisas y abrazos.

Para evitar riesgos en muy importante que el niño aprenda a obedecer a la primera cuando tú digas: ¡Alto, deja eso! Cuando des una orden no caigas en la trampa de "contar": "A la una, a las dos,...". Estás dando un mensaje incorrecto. Ni siquiera tú tomas en serio tu autoridad. El niño te va a tomar la medida y te va a manipular.

Si el niño tiene una actitud negativa, rebelde o irrespetuosa, hay que usar la vara.

Dick Iverson relata esta historia acerca del entrenamiento de los hijos:

"Cuando mi primera hija era muy pequeña, tuve una experiencia muy interesante con ella. Debbie tendría alrededor de dos años y apenas empezaba a caminar. Una noche me tocó cuidarla, era la primera ocasión en que yo estaba con ella a solas. Ella estaba tratando de caminar alrededor de la sala cuando le dije:

—Debbie, ven aquí.

Ella escuchó su nombre, miró hacia atrás, me observó y luego siguió paseándose. Así que volví a decir:

—Debbie, ven aquí.

Ella me miró otra vez y luego continuó su camino tambaleándose. Así que me paré, la tomé de la mano y la llevé conmigo. No levanté mi voz, sino que sólo la llevé al sillón y jugué con ella por un rato. Después de un tiempo, la dejé irse y volví a decir:

—Debbie, ven aquí.

Y ella sólo siguió caminando. La llamé dos veces con claridad y entonces me levanté y la traje conmigo, sólo que esta vez con un poco más de firmeza.

—Papi dijo: Ven aquí.

Entonces ella comenzó a percibir que algo estaba mal. Yo nunca levanté la voz, sólo persistí actuando de esta manera como de doce a veinte veces.

Finalmente, empezaron a aparecer las lágrimas. Ella sabía que algo estaba mal y que su papá estaba enfadado con ella. Y entonces la última vez le dije:

—Debbie, ven aquí.

Una gran sonrisa apareció en su rostro. Había captado el mensaje. Caminó directo hacia mí y comenzamos a jugar por un rato. Durante varias horas ella se la pasó vagando por el cuarto como si sólo estuviera esperando que yo dijera 'Debbie, ven aquí', para que jugáramos juntos. Nunca le presté mucha atención al asunto, pero esa noche algo quedó en ella. Me tomó un par de horas de una noche, pero desde ese momento en adelante siempre que digo 'Debbie, ven aquí', ella viene.

Más tarde, cuando los niños eran adolescentes yo podía llegar a una reunión de jóvenes donde todo el mundo estaba gritando y riendo y decir con voz lo suficientemente fuerte para que ella me pudiera escuchar: 'Debbie, ven aquí', y en medio de todo ese ruido ella podía escuchar la voz de su padre y responder".[9]

Cómo aplicar la vara

Cuando el niño haya cometido una ofensa que amerite el castigo (lea Proverbios 22:15):

Ora, cálmate, controla tus emociones, actúa con firmeza. Usa la situación para entrenar y enseñar.

Explícale cuál es la falta que cometió.

Mándalo o llévalo a un lugar privado para aplicar la disciplina. Evita distracciones y causarle vergüenza en público. Usa un instrumento flexible, como por ejemplo un cinturón de cuero o una vara suave. Algo que no lastime su cuerpo, porque nuestro objetivo no es destruirlo.

Míralo a los ojos y pregúntale qué hizo, para que reconozca su responsabilidad personal.

Si es pequeño, acuéstalo en tus piernas y contrólalo. Si es mayor de 4 años, puedes pedirle que se acueste en una cama. No es necesario quitarle la ropa. Dale unas "nalgaditas" buscando que le duela, pero sin herirlo. Busca resultados. No se trata de un juego. El niño debe mostrar sincero arrepentimiento. Si se logra esto, en el futuro no será necesario castigar tanto.

Abrázalo, dile que lo amas, enséñale el camino correcto. Enséñalo a pedir perdón y a restituir cuando se requiera. Si es mayor, ponle tareas como: escribir algún principio, cumplir algún trabajo, perder algún privilegio, etc.

¿Vara o mano?

Algunos expertos, incluyendo al Dr. Dobson, recomiendan usar un instrumento neutral a la hora de disciplinar: Cuando no hay una vara, una regla o una cuchara de madera pueden funcionar muy bien. Las librerías cristianas en México tienen a la venta una variedad de 'varas' de madera con textos bíblicos alusivos a la disciplina.

Según opinan algunos expertos, es mejor usar un instrumento neutral que no está directamente asociado con la mano del padre— la cuál debe reservarse para tocar y mostrar cariño a los hijos.

Robert Wolgemuth, en su libro *Mi hija me llama papi*, opina que, de acuerdo a su experiencia, la mano es el instrumento apropiado tanto para la disciplina como para la expresión de cariño.

"El castigo físico que les damos a los hijos es tan íntimo y personal como la expresión de amor y ternura."[10] Dios nos llena de bendiciones que provienen de su mano, pero también con su mano nos forma como el alfarero al barro. Job reconoció la mano de Dios en su sufrimiento y Noemí reconoció la mano de Jehová en su tribulación. Cuando el Señor nos disciplina, lo hace con las manos que fueron clavadas en la cruz por amor de nosotros.

Cuando le das nalgadas a tu hijo con la mano, tú mismo experimentas cierto dolor y eso te sirve como un indicador que te ayuda a evitar excesos. La aplicación de la disciplina es una experiencia compartida y dolorosa, que se requiere de vez en cuando. No es una experiencia agradable, pero cuando se hace en la manera correcta puede resultar una experiencia que edifica el carácter de tu hijo y que une su corazón con el tuyo.

Algunos de los momentos más dulces de nuestra relación los hemos tenido inmediatamente después de la disciplina, cuando los abrazo fuertemente y les digo cuánto los amo. Entonces ellos, con su carita bañada en lágrimas me devuelven el abrazo y me dicen: "Sí, papi yo sé que me amas, yo también te amo mucho".

CAPÍTULO 4

LAS CASAS DEL EVANGELIO DE LUCAS

Hagamos un recorrido por algunas de las casas que se men cionan en el evangelio de Lucas. Como bien sabemos, no hay nada en las Escrituras que haya sido escrito en vano. En cada una de estas casas encontraremos personas comunes y corrientes viviendo las mismas circunstancias que nosotros enfrentamos hoy. Familias con problemas y necesidades que bien pudieran ser los nuestros. Padres y madres, hijos e hijas, que tienen algunos secretos que compartir con nosotros, algunos principios que nos pueden ayudar a edificar nuestras propias familias de acuerdo al modelo de Dios.

La casa de Zacarías

Lucas 1:5-80

Nos encontramos en primer lugar en el hogar de un par de ancianitos. Zacarías era un sacerdote, su esposa era Elisabet, de las hijas de Aarón. Dice Lucas que "ambos eran justos delante de Dios, y andaban irreprensibles en todos los mandamientos y ordenanzas del Señor. Pero no tenían hijo, porque Elisabet era estéril, y ambos eran ya de edad avanzada".

Ellos habían esperado durante muchos años tener un hijo. Pero el tiempo pasó sin que pudieran ver cumplido el anhelo de su corazón. ¿Se amargaron? ¿Perdieron la esperanza? ¡No! Seguían orando.

De seguro habían escuchado muchos comentarios negativos. "Ya no es tiempo", dirían unos. "Allí va la estéril", se burlaban otros. La verdad era que ser estéril se consideraba una afrenta. Pero ellos no permitieron que la amargura entrara a su corazón. ¡Seguían orando!

Cuando Zacarías estaba ofreciendo el incienso en el santuario del Señor, un ángel apareció y le dijo: "Tu oración ha sido oída, y tu mujer Elisabet te dará a luz un hijo, y llamarás su nombre Juan. Y tendrás gozo y alegría".

¡Zacarías no lo podía creer! Lo había esperado tanto, lo había pedido tanto... pero ahora que un ángel le daba las buenas nuevas él no podía creer que fuera cierto. Y por causa de su incredulidad quedó mudo hasta que Juan nació. Mudo, pero feliz.

Una palabra muy interesante dijo el ángel respecto de Juan: "Para hacer volver los corazones de los padres a los hijos". No dijo que hará volver el corazón de los hijos hacia los padres, sino de los padres hacia los hijos. Ahora, como entonces, son los padres

Necesitamos que los padres vuelvan al hogar, que estén allí, no sólo de cuerpo presente, sino de todo corazón.

los que han abandonado a sus hijos. Los han considerado un estorbo en su carrera profesional. Han pospuesto su llegada al máximo posible, recurriendo a métodos que atentan contra la vida. Y cuando han llegado los han visto como un mal necesario. El corazón de los padres no está en el hogar.

Necesitamos que los padres vuelvan al hogar, que estén allí, no sólo de cuerpo presente, sino de todo corazón, entendiendo que ese es el lugar donde tienen que cumplir el más grande llamamiento de Dios para su vida: Ser padres conforme al corazón de Dios.

El corazón de Elisabet se alegró pues dijo: "El Señor... se dignó quitar mi afrenta entre los hombres". La familia fue diseñada para tener hijos. La afrenta entonces era no tener hijos. La afrenta hoy es tener hijos, el movimiento feminista lucha ferozmente para ganar el derecho de matarlos antes de que nazcan.

Las noticias pronto llegaron a María: "Tu parienta Elisabet... ha concebido hijo en su vejez... la que llaman estéril; porque nada hay imposible para Dios".

Cuánto necesitamos recordar estas palabras: "Nada hay imposible para Dios". Al enfrentar los problemas en nuestro hogar, cuando sentimos que ya no hay esperanza, cuando la amargura amenaza llenar nuestro corazón, necesitamos recordar que Dios es poderoso y que a pesar de nuestros imposibles, él puede hacer un milagro en nuestro hogar. Esta es la casa del milagro.

Una vez nacido, Juan fue criado de tal manera que "crecía y se fortalecía en espíritu". Sus padres no se limitaron a suplir sus necesidades físicas. Ellos entendieron que era tanto o más importante ocuparse del desarrollo espiritual de su hijo. No es suficiente con darles comida y ropa.

La casa de José

Lucas 2:1-52

El capítulo 2 de Lucas nos cuenta la bella historia del nacimiento de Jesús. Hacia el final nos permite ver algunos detalles muy interesantes de la vida de Jesús en la casa de José.

"Y el niño crecía y se fortalecía, y se llenaba de sabiduría; y la gracia de Dios era sobre él". Jesús crecía en sabiduría, no sólo en conocimiento, no se limitaba a recopilar información acerca de las cosas, sino crecía en sabiduría: sabía cómo usar el conocimiento para tomar las decisiones correctas.

> **Necesitamos asegurarnos que nuestros hijos crezcan en sabiduría, la sabiduría de Dios.**

Limitarnos a mandar a nuestros hijos a la escuela para que los llenen de conocimientos no es suficiente. Sobre todo cuando nos damos cuenta de que en las escuelas seculares están llenando sus mentes con mucha información equivocada: evolución, humanismo, sexo seguro, etc.

Necesitamos asegurarnos que nuestros hijos crezcan en

sabiduría, la sabiduría de Dios. Tampoco es suficiente con enviar a nuestros hijos a la escuela dominical. Ellos podrán recitar de memoria las lecciones y las doctrinas que les enseñan en la iglesia, pero, por buenas que estas sean, no lograremos nada a menos que sembremos en su corazón los principios de la sabiduría de Dios.

Es mejor enseñarle a un niño a pensar, que decirle lo que tiene que pensar. No los hagamos repetir como pericos. Trabajemos con empeño hasta ganar su corazón para Dios.

Algo notable ocurrió en la casa de José. Tenían en casa a un niño que hoy definiríamos como súper dotado. Era capaz de discutir con los doctores de la ley de tal manera que "se maravillaban de su inteligencia y de sus respuestas". Este jovencito no sólo tenía un conocimiento y una sabiduría excepcional, sino que además era el Hijo de Dios, y él lo sabía, por eso dijo "en los negocios de mi Padre me es necesario estar". Y con todo esto "estaba sujeto" a sus padres.

A veces los padres tienen miedo de sus hijos "brillantes". Se sienten intimidados y sencillamente se hacen a un lado y los dejan tomar sus propias decisiones. En nuestra sociedad latinoamericana es muy común ver familias en las que los padres tienen escasa educación, pero los hijos, gracias al sacrificio de sus padres, han estudiado y han alcanzado un nivel de conocimientos muy superior al de sus padres. Sin embargo, el hecho de que un hijo sepa acerca del *teorema de Pitágoras* o del *cálculo diferencial*, no significa que pueda menospreciar a sus padres. Es un reto, pero el padre, con la gracia y sabiduría de Dios debe enseñarlo a obedecer.

Si Jesús, el Hijo de Dios, se sometió a sus padres, cuánto más nuestros hijos.

"Jesús crecía en sabiduría y en estatura, y en gracia para con Dios y los hombres." La gracia y sabiduría de nuestros hijos debe manifestarse de forma interna, para con Dios, pero también de manera externa, para con los hombres. Nuestros hijos deben ser conocidos por su sabiduría y gracia.

En una ocasión escuche acerca de un joven de 23 años que estaba en la cárcel. Manejaba borracho y se impactó contra un vehículo estacionado fuera de la casa de un hermano. La policía lo detuvo y lo encerró. Cuando su madre supo del asunto dijo que no quería saber nada de su hijo. Sólo una de sus hermanas fue a verlo. Cuando un licenciado supo del asunto dijo: "Ah, ya lo conozco, es un muchacho problemático. Hace 15 días destruyó otro vehículo".

El hermano que me contó la triste historia dijo: "Yo ya lo conocía, es uno de esos hijos a los que no se les niega nada. Siempre hace lo que quiere".

Que Dios nos permita criar hijos que sean conocidos por su sabiduría.

Esta es la casa de la sumisión, de la sabiduría.

La casa de Simón

Lucas 4:38-39

Simón invitó a Jesús a pasar a su casa porque tenía una necesidad muy especial: su suegra estaba enferma. Como todo buen yerno, Simón estaba preocupado por la salud de su suegrita. Aunque, por lo general, se da por hecho que las relaciones entre suegras y yernos no son muy buenas, podemos entender que Simón la apreciaba. Llevó a Cristo a casa y le rogó por ella.

El Señor reprendió la fiebre y de inmediato la suegra de Simón recuperó su salud. Fue algo sorprendente, porque al instante se levantó y empezó a ver qué podía hacer para servir a todos los invitados.

Una de las características recurrentes en las casas del evangelio de Lucas es que eran casas de sanidad. Aquí la suegra fue sanada. En la casa del centurión el siervo fue sanado, en la casa de Jairo la hija fue resucitada.

El Señor quiere venir a nuestro hogar para traer sanidad a cada miembro de la familia. Esto incluye no solamente la sanidad del cuerpo sino también la sanidad del alma.

Hay mucha gente enferma, pero Cristo está dispuesto a sanarlos a todos. Para eso sufrió en el Calvario, pues "por su llaga fuimos nosotros curados".

El padre, como Simón, debe estar alerta para identificar la enfermedad en su esposa o en sus hijos y buscar de inmediato la intervención divina para sanarlos. Una de las peores cosas que podemos hacer en cuanto a la enfermedad física es no prestar atención a los primeros síntomas. Cuando dejamos pasar el tiempo sin atendernos podemos llegar a sufrir daños irreversibles a causa de la enfermedad.

Un padre sabio vigilará constantemente el estado del cuerpo y del alma de cada uno de los miembros de la familia y dará los pasos necesarios para que reciban sanidad.

El Señor quiere venir a nuestro hogar para traer sanidad a cada miembro de la familia.

Hay muchas figuras hermosas del hogar en el Antiguo Testamento. En el Salmo 128, el hogar es como un huerto. La mujer es como una vid que lleva fruto. Los hijos son como plantas de olivo. La oración del salmista era: "Sean nuestros hijos como plantas crecidas en su juventud". Dios quiere llenarnos de fruto y bendición, pero hace falta el trabajo y dedicación del padre, cuidando y labrando este hermoso huerto.

En la casa de mis padres siempre había árboles frutales. Nunca he visto limones tan grandes y jugosos como los que se daban en nuestro jardín. Por un tiempo tuvimos varios mangos que cada primavera nos brindaban su fruto delicioso, eran de una variedad que tiene mucha pulpa, dulce como la miel y de aroma agradable. Pero una plaga los atacó y nunca más tuvieron buen fruto. Ojalá que hubiéramos tenido los conocimientos necesarios para prevenir esta enfermedad y seguir disfrutando esos mangos, pero cuando nos dimos cuenta era demasiado tarde.

¿No es eso lo que pasa con muchos padres? Tienen a sus hijos y se olvidan de ellos, los dejan crecer solos como plantas silvestres, no tienen tiempo para podarlos, abonarlos, regarlos y al final — cuando ya es demasiado tarde— se dan cuenta que alguna plaga ha echado a perder el fruto.

El Salmo 145 asemeja el hogar a un palacio en el que las hijas son como esquinas labradas. Qué bellas son las hijas que Dios nos da, pero no pasarán de ser un bloque de piedra en bruto a menos que sus padres trabajen pacientemente labrando, formando su alma y su carácter.

Hay rocas bellísimas como la cantera que se usan en la construcción de casas y monumentos. Una esquina o una columna hecha con este material embellecen cualquier lugar, sobre todo si han sido labradas por la mano de un experto. Un artista puede transformar un pedazo de roca en una obra de arte. Esto requiere esfuerzo, golpes del martillo y el cincel, pero vale la pena.

Eduardo, mi cuñado, es un experto en canteras, conoce los mejores yacimientos de cantera de México. Según me explicó, la cantera proviene de las cenizas volcánicas. Cuando se han dado las condiciones adecuadas de presión, altitud y humedad, podemos encontrar cantera dura, de bellos colores, con la que se pueden hacer los mejores trabajos de cantería. Pero hay canteras que no tuvieron las condiciones adecuadas cuando se formaron y resultan porosas y quebradizas. El exceso de humedad o el exceso de calcio o silicio impiden que se pueda trabajar con ellas.

Si queremos hijos sólidos con los que Dios pueda hacer una obra de arte, necesitamos proveer las condiciones adecuadas en el hogar para que puedan crecer sanos y fuertes.

En el Salmo 147, cuando Dios recoge a los desterrados de Israel y edifica a Jerusalén, levanta casas de protección, de bendición, de paz y de provisión: "porque fortificó los cerrojos de tus puertas; bendijo a tus hijos dentro de ti. Él da en tu territorio la paz; te hará saciar con lo mejor del trigo". Allí también "él sana a los quebrantados de corazón, y venda todas sus heridas". Dios quiere llenar Jerusalén de casas de sanidad. Esta característica es muy necesaria en nuestro tiempo. Los hombres llegan a casa lastimados, cansados. Las presiones del trabajo pueden ser agobiantes, las palabras de los compañeros o los jefes pueden herir profundamente su alma. Los hombres necesitan llegar a un hogar en el que su alma pueda ser restaurada.

Las mujeres sufren frecuentemente heridas en su alma. A veces, lamentablemente, son heridas causadas por el propio esposo. El papel de la madre es menospreciado, sobre todo cuando eligen quedarse en casa. Los sentimientos de soledad y de inferioridad son comunes. Las mujeres necesitan tener un hogar en el que las heridas de su corazón sean sanadas.

Los hijos son heridos por otros niños. Reciben burlas que los pueden dejar marcados de por vida. Los niños en la escuela o en la calle, incluso en la iglesia, pueden ser muy crueles. Se burlan de nuestros hijos por sus características físicas o por cualquiera otra razón. Muchas veces nuestros hijos llegan a casa con el espíritu herido y necesitan cuidados intensivos con urgencia. Necesitamos darnos el tiempo para identificar su dolor y para aplicar el ungüento sanador del amor en su corazón.

Hagamos de nuestros hogares casas de sanidad.

La casa del centurión

Lucas 7:1-10

El centurión es un personaje muy especial en los Evangelios. Tenía un siervo que estaba enfermo, a punto de morir, a quien él quería mucho. Pero, ¡un momento, él era un centurión romano! Los esclavos en el imperio romano no tenían derechos, eran sólo herramientas desechables. Cuando un esclavo se enfermaba y ya no podía desempeñar su trabajo, simplemente

El ejercicio sano de la autoridad en el hogar es determinante para el correcto desarrollo de los hijos.

se desechaba; siempre podían comprar esclavos jóvenes y fuertes en el mercado. Pero este centurión romano amaba a su siervo.

También amaba a la nación de Israel. Los ancianos de los judíos daban testimonio de que incluso les había construido una sinagoga. Bien hubiera podido vivir quejándose por haber sido enviado a esas tierras tan lejanas del esplendor de Roma, pero él escogió amar esa nación. La gente lo sabía, la gente lo veía. Su casa era una casa de amor. En esta casa había un hombre de autoridad. El centurión le envió este mensaje a Jesús: "Señor, no te molestes... pero di la palabra, y mi siervo será sano. Porque también yo soy hombre puesto bajo autoridad, y tengo soldados bajo mis órdenes: y digo a este: Ve y va; y al otro: Ven y viene; y a mi siervo: Haz esto, y lo hace".

En primer lugar, el centurión reconoce con humildad que Jesús es un hombre que tiene autoridad y por eso lo llama "Señor". En segundo lugar, se reconoce a sí mismo como un hombre sujeto bajo autoridad. Él sabe obedecer, sabe que estar bajo autoridad le da protección y seguridad. En tercer lugar, él sabe que es un hombre con autoridad y sabe usar esa autoridad para el bien de la gente.

A través de toda la tierra surge un clamor de nuestros hogares: "Necesitamos hombres de autoridad". Hombres que reconozcan la autoridad de Dios en sus vidas. Hombres que sepan someterse a la autoridad que Dios haya establecido sobre su vida. Hombres que sepan ejercer la autoridad que Dios les ha delegado como cabezas del hogar.

El ejercicio sano de la autoridad en el hogar es determinante para el correcto desarrollo de los hijos. De hecho, cuando un hijo no reconoce la autoridad del padre está en camino a su propia ruina. La esposa debe reconocer y respetar la autoridad de su esposo.

A veces, cuando la mujer ve que su marido no toma su posición correcta, trata de inmediato de ocupar el vacío de autoridad que queda en el hogar. Puede pensar incluso que está más capacitada intelectual o espiritualmente para ejercer la autoridad y, lamentablemente, llega a perder el respeto por su esposo, y lo que es peor, propicia que los hijos le pierdan el respeto también.

Uno de los aportes más valiosos que una mujer sabia puede hacer a su hogar es honrar la autoridad de su esposo, animándolo siempre a mantenerse en el lugar de privilegio que Dios le dio. No quiere esto decir que el esposo siempre tenga la razón, ni que la esposa se deba someter ciegamente a todo lo que el esposo demande. Puede haber casos en los que lo que el esposo pide vaya en contra de los principios de Dios, y entonces la mujer debería obedecer antes a Dios que a su esposo. Pero, aun en los casos en que la mujer tenga obviamente la razón, lo conveniente es que manifieste respeto por la autoridad de su esposo. Esto honra a Dios y Dios honra esta clase de actitud.

Durante una prolongada ausencia de su esposo, Susana Wesley sintió la necesidad de llevar a cabo reuniones en su casa los domingos por la noche. De pronto se encontró con que era más la gente que iba a la reunión en su casa que la que iba a la reunión matutina de la iglesia que dirigía un pastor suplente. Cuando el suplente protestó, Samuel Wesley le escribió a su esposa diciéndole que "él pensaba que, siendo ella mujer, sería mejor suspender los cultos en la cocina".

La respuesta de Susana fue ejemplar. El hecho de que era una mujer completamente dispuesta a someterse a la autoridad de su esposo, no le impidió defender sus convicciones y presentar sus argumentos con respeto y con sabiduría:

"Lo mismo que soy mujer, soy también responsable de una familia numerosa. Es cierto que tú, como cabeza de la familia y como pastor, tienes mayor responsabilidad. Sin embargo, en tu ausencia, yo no puedo dejar de ver a cada alma que has dejado bajo mi cuidado como un talento que me ha sido encomendado. Nuestra reunión ha acercado a la gente hacia nosotros. Así que ahora vivimos en la amistad más hermosa que puedas imaginar. Algunas familias que casi nunca asistían a la iglesia, ahora asisten siempre... pero si tú piensas, después de todo, que se debe disolver esta asamblea, no me digas sólo que piensas que debo hacerlo. Eso no bastaría para satisfacer mi conciencia. Te ruego que me mandes hacerlo. Dímelo en términos tan claros que me absuelvan de toda culpa y castigo de negligencia ante esta oportunidad de hacer el bien cuando tú y yo comparezcamos ante el santo tribunal de nuestro Señor Jesucristo."[1]

Vaya manera de hablar. Cuánta sabiduría hay en sus palabras. Esta mujer respetaba a su marido, le daba su lugar.

El centurión creía en la regla de la primera vez: Sólo debe ser necesario decir la orden una vez para que los hijos obedezcan. ¡Cuántos padres quisiéramos ver esto en nuestros hijos!

La realidad es que donde hay autoridad no se necesita más que decir la palabra, una sola vez. No es necesario repetir al infinito, incrementando el volumen cada vez. Gritar es una trágica señal de falta de autoridad en el hogar. Cuando el padre siente la necesidad de exigir la obediencia del hijo "porque en esta casa yo soy la autoridad", significa que ya perdió su autoridad.

En la casa del centurión la autoridad caminaba de la mano del amor. Él amaba a su siervo, amaba a la nación. La autoridad del esposo va a afirmarse en la medida que ame a su esposa. La autoridad del padre va a sustentarse sobre el amor que muestre a sus hijos. Este amor debe ser manifiesto. ¿Se sabe que los amas? ¿Se ve cuánto los amas? ¿Se siente que los amas?

Todos alrededor deben darse cuenta de cuánto amas a tu familia, eso es lo que pondrá un sello de autenticidad a tu autoridad en el hogar. La autoridad no se gana por tener una posición, como: "Yo soy la cabeza"; se gana por tener una relación, con la esposa y con los hijos.

La casa de Jairo

Lucas 8:41-56

No podemos dejar de visitar la casa de mi tocayo Jairo, el principal de la sinagoga. Este era un hombre importante, reconocido en la comunidad. Su posición en la sinagoga era una prueba de la confianza y el respeto que la gente le tenía. Pero Jairo estaba atravesando por una situación muy difícil. Su única hija se estaba muriendo en casa. Esta era una niña muy amada. El hecho de ser la única aumentaba el afecto que su madre y su padre sentían por ella. Seguramente que habían disfrutado cada instante de los doce años que la habían tenido.

Las niñas son tan dulces. Lo sé muy bien porque el Señor me dio tres hermosas hijas. Cada una de ellas ha llenado de dulzura nuestro hogar. Cada etapa de sus vidas ha resultado especial e incomparable.

Cuando eran bebés yo deseaba que nunca crecieran, que se quedaran siempre de ese tamaño y con esa hermosura. Pero el Señor es más sabio y las dejó crecer. Cada año que pasaba me quedaba asombrado con tanta belleza, ternura y dulzura... y deseaba que nunca crecieran, que se quedaran así. Cada nuevo año trae nuevas facetas de bendición y de belleza. Tener hijas es una bendición sin fin.

Jairo estaba a punto de perder a su tesoro. Por eso estuvo dispuesto a ir a buscar la ayuda de aquel Jesús, el que sanaba a los enfermos y liberaba a los oprimidos, ¿podría él hacer algo por su hijita?

Pero, ¿qué diría la gente? ¿Cómo es posible que el principal de la sinagoga busque la ayuda de este predicador de Nazaret?

Jairo era un hombre importante, pero no hizo caso de lo que pudiera decir de él la gente. Se tragó su orgullo y cuando encontró a Jesús se postró ante él. A veces somos tan orgullosos que, a pesar de que estamos enfrentando un problema que rebasa nuestra capacidad, no estamos dispuestos a buscar ayuda. Se requiere humildad para ir a pedir ayuda o consejo.

La multitud impedía el avance de Jesús, lo peor fue cuando el Señor se detuvo a escuchar pacientemente el "laaaaaargo" relato de una mujer que había sido sanada milagrosamente al tocar el borde de su manto. Todavía seguía hablando con la mujer cuando llegó la terrible noticia: "Tu hija ha muerto; no molestes más al Maestro".

Lo primero que tienes que saber es que el Maestro no se molesta. Nunca se molesta cuando un padre va a él buscando una respuesta para su familia. Puedes ir a él en todo tiempo, en cualquier circunstancia. Él está listo para escuchar y ayudar.

De inmediato, Jesús le dijo: "No temas; cree solamente, y será salva". Y llegados a la casa tomó de la mano a la niña y la levantó del sueño de la muerte y se la entregó a sus atónitos, y felices, padres. Esta es la casa de la resurrección.

¿Qué es lo que está a punto de morir en tu hogar? ¿Qué es lo que quizá ya está muerto? Probablemente sientes que el amor en tu matrimonio ya murió. Quizá piensas que tu hijo se ha alejado tanto de Dios y de ti que ya no hay retorno. Probablemente tu hija ha fracasado. Eso es lo que sentía Agar. Ella y su hijo estaban a punto de morir de sed. Lo único que atinó a hacer fue poner al muchacho a cierta distancia para no verlo morir. Ella se sentó enfrente y se puso a gritar y a llorar. Pero Dios es un Dios que oye el clamor. Él ve la aflicción y extiende su mano para sustentar a sus hijos. Para Agar y su hijo abrió una fuente para que bebieran. ¿Qué es lo que necesitas que él haga para ti?

Para todo corazón herido, para todo hogar que sufre, cuando parece que todo está perdido en tu hogar, Dios tiene palabras de resurrección. No temas, cree solamente.

La casa de María y Marta

Lucas 10:38-42

¡Qué diferentes eran Marta y María! Marta era dinámica, le gustaba el trabajo, quería aprovechar al máximo el tiempo llevando a cabo todas las tareas que le fuera posible. Era de hablar franco y directo: "¿No te da cuidado que mi hermana me deje servir sola?".

María era tranquila, contemplativa, sus oídos siempre estaban dispuestos para escuchar.

¿Era buena María y mala Marta? No, sólo eran diferentes. En esta ocasión en particular, María escogió la mejor parte y Marta se quedó con los afanes.

Dios las hizo diferentes, pero no desechó a ninguna. Él necesita y usa a las dos.

Por lo general, no mucho después de la luna de miel, el esposo y la esposa se dan cuenta de lo diferente que son. No lo sentían así durante el noviazgo, pero ahora las diferencias amenazan la supervivencia del hogar. Necesitamos aprender a apreciar y respetar las diferencias en el hogar, no solo entre esposo y esposa, sino también entre los hijos.

Entre los fundadores de los Estados Unidos había un respeto muy marcado por las diferencias entre las personas. Washington escribió: "¿Debería yo establecer mi propio juicio como el estándar de la perfección? ¿Debería yo declarar con arrogancia que cualquiera que difiere de mí, ha discernido el asunto a través de un medio distorsionado,

> **Para todo corazón herido, para todo hogar que sufre, cuando parece que todo está perdido en tu hogar, Dios tiene palabras de resurrección.**

o está bajo la influencia de alguna intriga nefasta? La mente está formada de tal manera en diferentes personas que cuando contemplan la misma cosa la perciben desde diferentes puntos de vista. Esto es lo que origina la diferencia en cuestiones de la mayor importancia, tanto humanas como divinas".

"Las diferencias de opinión —siempre insistía Jefferson—, como las diferencias en nuestro rostro, son una ley de nuestra propia naturaleza, y deben ser vistas con la misma tolerancia".[2]

Dios nos hizo diferentes, pensamos diferente, sentimos diferente, tenemos una perspectiva diferente, pero el hecho de que el otro piense diferente no lo descalifica. Dios nos puso juntos para funcionar como un equipo. Cada cual aporta lo mejor de sí para lograr que el propósito de Dios se cumpla en nuestro hogar.

Marta amaba a Jesús igual que María, estaba tratando de complacerlo a su manera, pero no comprendió cuál era la necesidad de Jesús en ese momento tan decisivo, cuando estaba en camino a la cruz. Bien pudo Jesús haberle dicho: "Marta, hoy no es necesario que la casa esté perfectamente limpia. No necesito que prepares hoy tu mejor receta. Te necesito a ti, necesito tu amistad, tu compañerismo". Una relación es mucho más importante que una casa limpia.

Todo tiene su tiempo. Hay tiempo para trabajar hasta que el cuerpo aguante y hay tiempo para estar quietos en comunión, para hablar y escuchar. María escogió hacer de su casa una casa de amistad.

Este asunto de llenarnos de afanes nos lleva muchas veces a limitar severamente el tiempo y el cuidado que debemos tener con nuestra familia. Tenemos tanto que hacer. Le prometemos a nuestros hijos: "Tan pronto como acabe este proyecto les voy a dedicar mucho tiempo a ustedes". Pero antes de terminarlo ya han surgido otros más que requieren nuestra atención urgente. Y volvemos a fallar a nuestra promesa.

Howard Hendricks tomó una decisión muy significativa al enfrentar las demandas del ministerio. Él lo relata así:

La gente me llama por teléfono:

—Profe, ¿quisiera venir a predicarnos?

—No, lo siento muchísimo. No voy.

—¿No viene? ¿Por qué?

Bueno, he aprendido a decir: "Ya tengo un compromiso", lo cual, traducido, quiere decir: "Me voy a quedar en casa". Hace algunos años tenía la costumbre de ser un poco más directo. Si alguien me llamaba y me pedía que hablara cierta noche, le decía: —No, lo siento mucho. No puedo ir esa noche. Me voy a quedar en casa para jugar con mis hijos.

—¿Qué dice?

—Que me voy a quedar en casa para jugar con mis hijos.

—¿Quiere decir que no vendrá a predicarnos?

—Sí, efectivamente: no voy a predicarles".[3]

Necesitamos aprender a decir: ¡No! Tus hijos no necesitan que ganes mucho más dinero para comprarles muchos más juguetes. ¡Te necesitan a ti! No necesitan que tengas éxito en tu ministerio o trabajo. ¡Te necesitan a ti!

La casa del fariseo

Lucas 11:37-44

El fariseo que invitó a Jesús a comer a su casa se extrañó que Él no se hubiese lavado antes de comer. Esto era algo escandaloso para un fariseo. Jesús quería darle una lección práctica. No se lavó las manos para mostrarle que lo importante es el corazón. Los fariseos limpiaban lo de afuera... estaban preocupados por lo externo, la apariencia. A Dios le importa más lo que hay en el corazón.

¿De qué sirve cubrir todas las necesidades de la casa si tu corazón no está allí? Y, ultimadamente, ¿de qué sirve que estés en tu casa si tu corazón no está allí? No queremos simplemente guardar las apariencias. Queremos estar comprometidos con nuestra familia... de corazón. Comprometidos con nuestra esposa para toda la vida... de corazón. Comprometidos con nuestros hijos para enseñarlos a vivir para la gloria de Dios... de corazón. ¿De qué sirve ir a la iglesia, leer la Biblia, dar la ofrenda, si tu corazón no está allí? Dios ve el corazón.

Los judíos debían ofrecer sus primicias a Dios, debían contribuir al mantenimiento de los sacerdotes y dar el diezmo a los levitas, quienes, a su vez, daban el diezmo a los sacerdotes. Debía darse el diezmo del grano y del fruto de los árboles, de las vacas y las ovejas, pero no había un mandamiento en cuanto a las hierbas. Esto era una regla que los fariseos habían agregado. Tenían reglas para todo, cubriendo hasta el más mínimo detalle de la vida. Pensaban que de esa manera agradaban a Dios. Para los fariseos, el cumplimiento minucioso de las reglas era más importante que la justicia y el amor de Dios.

La justicia de Dios no es como nuestra justicia. David violó la ley, pero no fue condenado por Dios. El amor de Dios no es como el nuestro. Dios amó a Israel cuando no era grande ni bueno. ¿De cuántas maneras caemos en el legalismo? Y pensamos que con eso agradamos a Dios.

Siempre recuerdo a aquella jovencita que tenía una familia muy legalista en cuanto al uso de pantalones. Su familia discutió, amenazó, rogó, castigó, para que ella dejara de usar pantalones. Nada funcionó. Un día se enamoró y se casó con un hombre cristiano que sin presiones legalistas le pidió que no usara pantalones, porque para él, ella se veía más bonita cuando usaba vestidos. Inmediatamente los dejó. El amor logró fácilmente lo que el legalismo jamás pudo alcanzar.

La filosofía farisea es nociva. Nos contamina con ideas equivocadas acerca de Dios y acerca de los principios bíblicos.

A veces nos preocupamos demasiado por asuntos en los que la Biblia no establece reglas específicas. ¿De qué longitud debe ser el pelo de las mujeres? ¿Se pueden pintar las mujeres? ¿Pueden usar aretes? Nos pasamos la vida poniendo reglas y luchando para que sean respetadas. Sin darnos cuenta, causamos profundas heridas en quienes más amamos a causa de nuestras reglas farisaicas. Llegamos a estar más preocupados por la apariencia de nuestros hijos que por el estado de su corazón.

La filosofía farisea es nociva. Nos contamina con ideas equivocadas acerca de Dios y acerca de los principios bíblicos. No permitamos que el fariseísmo penetre en nuestros hogares y destruya nuestras relaciones. La influencia de un fariseo es nociva. Contamina con ideas falsas acerca de Dios y de lo que Él nos manda.

La casa de mi padre

Lucas 15:1-32

¡Esta es una de las historias más maravillosas del mundo! En la casa del padre había todo lo que uno podría desear: familia, bienes, trabajo, jornaleros, abundancia de pan, siervos, ropa, anillo, zapatos, becerros, campo, cabritos.

El hijo menor

En esta familia había dos hijos. El menor de ellos empezó a sentirse inquieto, pensaba que el nido le quedaba chico. ¿Por qué quería irse? No supo apreciar todo lo bueno que tenía. Es una historia que se repite hasta el cansancio: Nadie sabe valorar lo que tiene hasta que lo pierde.

¿Sabes apreciar todo lo bueno que tienes en tu hogar? ¿En tu iglesia? Estamos tan sumergidos en la confusión que nosotros mismos hemos creado, que ya no podemos ver las cualidades de las personas más importantes de nuestra existencia. Nos colocamos ante los ojos un lente gris que sólo nos permite ver los defectos, las fallas. Pronto nos convencemos de que el pasto más verde está al otro lado de la cerca.

El hijo menor creía que sólo podría lograr su felicidad cuando tuviera SU dinero, SU libertad, SU independencia. Y se fue lejos en busca de su espejismo. Hay muchas maneras de irse lejos. Podemos estar, pero no estar. Podemos soportar la presencia de los otros, pero en nuestro corazón los hemos dado por muertos. Y también hay muchas maneras de desperdiciar la vida. Muchos hijos malgastan su vida, pierden su tiempo y pierden las oportunidades que Dios pone en su camino.

Parece ser que todos tenemos la tendencia de llegar a la condición de querer comer la comida de los cerdos. Queremos saber a qué sabe lo inmundo.

Cuando estaba a punto de perecer volvió en sí, descubrió que lejos de la casa de su padre no se puede encontrar satisfacción.

El padre
Cuando aún estaba lejos, lo vio. Venía todo flaco, sucio y maloliente. Pero él lo estaba esperando. Su corazón había quedado roto cuando se fue y muchas veces había orado por su restauración. Ahora, al volver a ver a su hijo, el pasado quedaba olvidado. Fue movido a misericordia y corrió a su encuentro. Se echó sobre su cuello y lo besó. Estaba absolutamente feliz porque el hijo que estaba muerto, había revivido. El hijo que se había perdido, fue hallado.

El hijo pidió perdón. Mostró genuino arrepentimiento y pidió ser aceptado en el hogar en calidad de jornalero. Pero el padre ya lo había perdonado de antemano. Seguramente tomó en sus manos la cara sucia de su hijo, le limpió las lágrimas, lo miró a los ojos y le dijo: Hijo, te amo, te perdono, te acepto. Siempre te he amado, nunca te he olvidado... te estaba esperando.

Es importante notar la actitud de arrepentimiento del hijo. Algunos hijos hoy pretenden tener el derecho de recibir los beneficios de la misericordia cuando todavía tienen el corazón duro y se mantienen tercos en su mal camino.

El padre nunca le echó nada en cara. Lo llevó a casa y lo vistió, le puso anillo y lo calzó. Lo restauró en su posición como hijo. Esta es una casa de misericordia, es una casa de perdón, es una casa de restauración. ¿Qué haces tú cuando hay fallas en el hogar? ¿Qué clase de padre eres? Nuestro primer impulso es castigar, cortar la comunicación, hacer sentir nuestra autoridad. Quiera Dios que aprendamos a tener misericordia, a perdonar y a restaurar a nuestros hijos.

El hermano mayor

Resulta evidente que la comunicación entre este hijo y su padre no era muy buena que digamos. Cuando quiso saber lo que estaba pasando no le preguntó a su padre sino a uno de los criados. Cuando le dijeron que estaban celebrando el retorno de su hermano se enojó. De seguro él hubiera preferido que su hermano fuera destruido —después de todo, se lo merecía—, y que nunca volviera.

El hermano mayor servía y obedecía por obligación. No se daba tiempo para disfrutar su posición, su herencia, ni su relación con el padre. No servía por amor y por lo tanto no hallaba gozo en su servicio. No tenía compasión. Nunca buscó a su hermano, de hecho, no se refería a él como "mi hermano" sino como "tu hijo". Para su hermano lo único que tenía era un duro juicio. No entendió cuánto valía la relación con su padre: "Tú siempre estás conmigo". No comprendió el valor de su herencia: "Todas mis cosas son tuyas". Estaba frustrado. No tenía gozo.

¿Cuál hijo eres tú? ¿Estas a punto de irte en pos de tus sueños de libertad y felicidad? O, quizá has decidido quedarte, pero te sientes frustrado. Dios tiene para ambos una mejor opción: Una vida llena de gozo y satisfacción.

La casa de Zaqueo

Lucas 19:1-10

Zaqueo era rico, pero no era feliz. Tenía todo lo que el dinero puede comprar pero no sentía satisfacción. Cayó en la trampa del materialismo.

El materialismo es una forma de esclavitud, las cosas se convierten en tiranos que gobiernan nuestra vida.

Hay personas que viven buscando perpetuamente, casi con fanatismo las cosas que no tienen. Viven pensando que si tan sólo tuvieran tal o cual cosa serían felices. Cuando por fin la tienen, la satisfacción les dura muy poco. Pronto se lanzan en la búsqueda de algo más. El materialismo es una forma de esclavitud, las cosas se convierten en tiranos que gobiernan nuestra vida. El materialismo tuerce nuestras prioridades y nos impide alcanzar la madurez espiritual.

El materialismo afecta por igual a ricos y a pobres. Desde niños empezamos a pedir: "¡Dame, dame!" y, para algunos, esto se convierte en un estilo de vida, siempre queremos más y más y más.

¿Conoce a alguna niña que tenga una colección de 100 muñecas *Barbie*? Quizá luego podría verla convertida en una Imelda Marcos —la ex primera dama de Filipinas— con miles de pares de zapatos en su clóset.

Cuando está luchando con la tentación de adquirir algo más, la cuestión que tiene que resolver es: ¿Realmente lo necesito? Tenemos que discernir qué es lo que verdaderamente necesitamos y cuándo estamos cayendo en un mero deseo de tener más posesiones.

Cristo nos enseña que "la vida del hombre no consiste en la abundancia de las cosas que posee" (Lucas 12:15). La clave de la felicidad es el contentamiento. *"Pero gran ganancia es la piedad acompañada de contentamiento; porque nada hemos traído a este mundo, y sin duda nada podremos sacar. Así que, teniendo sustento y abrigo, estemos contentos con esto"* (1 Timoteo 6:6-8).

Si no estás contento con lo que tienes ahora, nunca estarás contento con lo que llegues a tener.

Zaqueo no estaba contento con su vida, por eso buscó a Jesús. Y se encontró con que Cristo quería ir a su casa. Necesitamos invitar a Cristo a nuestra casa, él quiere estar allí. Cristo debe ser nuestro principal invitado. Cuando Él esté en casa llevará salvación y transformación a nuestra vida. Nos dará una fe que se manifestará en obras, no sólo con palabras. Cristo llenará nuestra vida de contentamiento.

La casa de Cleofas

Lucas 24:28-31

Cleofas había invitado con insistencia a Cristo para que pasara aquella noche en su casa. Sentados a la mesa continuaron las profundas pláticas que habían tenido en el camino.

Cleofas y otro discípulo iban tristes y desanimados discutiendo los últimos acontecimientos, cuando Cristo los alcanzó y se unió a ellos. En su corazón había confusión y desánimo. No entendían por qué las cosas habían terminado así.

Estaban profundamente desilusionados. Cristo les abrió las Escrituras, comenzando desde Moisés, y siguiendo por todos los profetas, les declaró todo lo que las Escrituras decían de él. Cuando llegaron a la aldea a donde iban, dio a entender que iba más lejos, pero en realidad estaba esperando que lo invitaran a pasar. Tenía algo muy importante que hacer en casa de Cleofas. Dios siempre nos da la libertad para invitarlo o para dejarlo afuera de nuestro hogar.

En la comunión con Cristo, al partir el pan, sus ojos fueron abiertos. La venda de confusión desapareció. Se deshizo la desilusión, el desánimo se acabó. Cristo nos ayuda a entender, le da sentido a la vida. Cristo viene a restaurarnos cuando nuestras esperanzas están perdidas.

El hogar cristiano tiene delante, no una noche que se le echa encima, sino una aurora que rompe. No una larga noche de confusión y desánimo, sino un amanecer en el que la luz de Cristo resplandecerá.

No necesitamos el consejo del mundo, no queremos ir en sus caminos. Las revistas, los libros y la televisión del mundo están plagadas de imágenes, ideas y conceptos que dañan la familia: Menosprecio por la figura paternal, relaciones sexuales antes del matrimonio, infidelidad, feminismo, etc.

Lo que necesitamos es el consejo de Dios. Necesitamos volver a lo fundamental: Los principios del modelo de Dios para la familia. Permitamos que el Señor parta el pan en nuestro hogar. Cuando la Palabra de Dios llene todos los espacios entre las paredes de nuestra casa, cuando los principios de la Palabra llenen nuestro corazón, se acabará la confusión, la tristeza y el desánimo.

¿Y tu casa?

Hay otras casas en el Evangelio de Lucas que podríamos visitar. Pero estas son suficientes para darnos cuenta de que Dios tiene un modelo para nuestro hogar. Dios quiere levantar en la iglesia casas conforme a su corazón: casas de paz, de bendición, de entrenamiento espiritual, de sanidad, de amor y de perdón. ¿Qué clase de casa estás edificando tú?

CAPÍTULO 5

PRINCIPIOS PARA ESTABLECER LÍMITES EN EL HOGAR

A los 19 meses de vida, Hellen Keller quedó ciega y sordomuda. Cuando apenas comenzaba a vivir quedó aprisionada en una cárcel de silencio y oscuridad. Veinticuatro años después se graduó con honores e inició una larga y exitosa carrera como conferencista, escritora y maestra, principalmente en beneficio de los sordomudos y ciegos.

A los siete años Hellen Keller era una niña inválida, muy amada por sus padres y, como era natural, sobreprotegida. Las tinieblas y el silencio la habían hecho obstinada, difícil de gobernar, semejante a un animalito salvaje, a la que había que enseñarle por primera vez a obedecer y refrenar sus impulsos.

Era de carácter violento y voluntarioso, nadie lograba dominarla. Metía las manos en todo, su espíritu inquieto se debatía en la oscuridad. Sus manos insatisfechas y no adiestradas destruían cuanto tocaban porque no sabían qué otra cosa hacer con los objetos. Sus padres le habían prodigado mimos excesivos y habían dejado que hiciera su santa voluntad.

Entonces llegó Ann Sullivan, una maestra excepcional. Medio ciega desde pequeña a causa de una infección en los ojos contraída en el hospicio en el que sus padres, inmigrantes paupérrimos de Irlanda, tuvieron que internarla. Chiquilla abandonada, Annie se había formado en la dureza y el desamor del frío hospicio. Con valor y perseverancia venció todas sus limitaciones, estudió en el Colegio Perkins para Ciegos y salió dispuesta a dar su vida para ayudar a otros.

Dios la había preparado para enfrentar uno de los retos más grandes que puede encontrar un maestro: enseñar a una niña con la que no se podía comunicar. Cuando conoció a Hellen encontró un escenario desastroso:

"La niña ha ejercido una tiranía continua sobre todos: su madre, su padre, los sirvientes, los niños negros que juegan con ella; y nadie se había opuesto seriamente a su voluntad hasta que yo vine, con excepción, ocasionalmente, de su hermano James, y como todo tirano, la criatura se aferra tenazmente a su derecho divino de hacer su real gana. Si alguna vez no obtenía lo que deseaba era únicamente porque no lograba hacer que sus vasallos entendieran su exigencia. Todo deseo frustrado era señal para una explosión colérica y conforme la niña crecía y se hacía más fuerte, los berrinches eran más violentos. Para educarla tuve que enfrentarme a enormes dificultades".

Para ilustrar la lucha increíble que se entabló entre maestra y alumna será suficiente leer el siguiente relato de la propia señorita Sullivan:

"En la mesa los modales de Hellen son espantosos. Mete las manos en los platos de los demás y toma lo que quiere; cuando se pasa la fuente, la arrebata y se sirve. Hoy no le permití que metiera la mano en mi plato. Insistió y sobrevino una lucha de voluntades. Naturalmente, hubo perturbación familiar y todos abandonaron el comedor. Entonces cerré con llave la puerta y proseguí mi desayuno, aunque lo que comía por poco me ahoga. Hellen se echó al suelo, pataleó y chilló, e hizo lo posible por derribar mi silla. Así siguió durante media hora y luego se levantó para averiguar qué era lo que yo hacía. Dejé que se diera cuenta de que yo estaba comiendo, pero no la dejé meter la mano en mi plato. Me pellizcaba, pero yo le di un manazo cada vez que lo hizo. Dio la vuelta alrededor de la mesa para ver quién más estaba allí y al no encontrar a otra persona se desconcertó. Después de algunos minutos regresó a su lugar y empezó a comer con los dedos. Le di una cuchara; la tiró al suelo. La obligué a levantarse y a recoger la cuchara. Por fin logré que volviera a sentarse y con mi mano sobre la suya le hice comer con la cuchara. A los pocos minutos cedió, y terminó su desayuno pacíficamente. Enseguida tuvimos otra pelea con motivo de la servilleta. Al terminar de comer la tiró al suelo y corrió hacia la puerta. Se percató de que estaba cerrada con llave y empezó una vez más a patalear y chillar. Tardé una hora en lograr que doblara su servilleta. Después la dejé salir al sol y yo, exhausta, me eché sobre la cama. Lloré un rato y me sentí mejor. Supongo que la jovencita y yo tendremos muchas batallas como la de hoy antes de que aprenda las dos cosas esenciales que le puedo enseñar: obediencia y amor".[1] Sorprendentemente, en cuestión de semanas, aprendió a formar las letras con sus dedos y comenzó a escribir. Tres años después aprendió a hablar imitando con sus cuerdas vocales las vibraciones que percibía con sus manos.

Mark Twain afirmó que las dos personas más interesantes del siglo XIX fueron Napoleón y Hellen Keller. La historia de Hellen Keller y Ann Sullivan es un verdadero triunfo del amor y la perseverancia de una maestra, y el esfuerzo y la voluntad de una alumna. Es también un rayo de esperanza que nos alienta.

No importa cuán difícil parezca la educación de nuestros hijos o cuán rebeldes e indomables parezcan, si tenemos el amor y la paciencia, el valor y la perseverancia, con la ayuda de Dios, lograremos criar hijos e hijas que sean un ejemplo y gran bendición para su generación.

El padre como entrenador

Hay tres etapas principales en la relación padre-hijo que se van desarrollando a medida que el hijo crece. El padre tiene un tiempo limitado para llevar a cabo su tarea. Debe fijarse metas para: Establecer la autoridad, entrenar y animar.

Establecer la autoridad

Los primeros años son cruciales. El entrenamiento de los hijos debe dar inicio desde su más tierna edad. No hay tiempo que perder. Mucho antes de que el niño empiece a hablar y a caminar dará inicio una lucha en la que se va a definir quién manda en casa. Algo dentro del bebé lo impulsa a desafiar la autoridad. Una y otra vez intentará derrotar a sus padres para imponerles su voluntad. Con amor y ternura, los padres deben darle un claro mensaje: "En esta casa nosotros somos la autoridad".

Si el entrenador no gana el respeto de los jugadores desde el principio, nunca logrará tener un equipo vencedor. Salomón dijo: "Cazadnos las zorras, las zorras pequeñas, que echan a perder las viñas". Necesitamos dejar claramente establecido en el corazón de nuestros hijos, mientras son pequeños, que deben reconocer, aceptar y respetar la autoridad que Dios nos ha dado en el hogar. La mayor insensatez que podemos hacer es esperar hasta la adolescencia para tratar de establecer nuestra autoridad. ¡Será demasiado tarde! No hay excusa. Si no logramos que nuestro hijo nos respete antes de que cumpla los 5 años, prácticamente habremos perdido la batalla. Lo malo del asunto es que si no logramos que nos respete a nosotros, tampoco respetará a otras autoridades en su vida y, lo que es peor, tampoco sentirá respeto por Dios.

> La mayor insensatez que podemos hacer es esperar hasta la adolescencia para tratar de establecer nuestra autoridad.

Entrenar

Durante la segunda etapa necesitamos dedicarnos a practicar, ejercitar, enseñar, entrenar. El profeta Isaías lo dice así: "...mandato sobre mandato, renglón tras renglón, línea sobre línea, un poquito allí, otro poquito allá" (Isaías 28:10). Parece que estuviera describiendo precisamente el proceso que debe seguir un padre para entrenar a su hijo.

En una ocasión Susana Wesley trataba de explicarle a su hija Kezzy una regla gramatical. La repitió una y otra y otra vez. Su esposo, que la observaba, le dijo:

"Me maravillo de tu paciencia, Susana. Le has repetido veinte veces lo mismo a esta niña. Susana sonrió y agregó: "Si me hubiera conformado con decirlo sólo 19 veces, hubiera sido tiempo perdido. Fue esta última vigésima vez lo que coronó mi esfuerzo".

Los niños necesitan repetición... y paciencia. A veces no entenderán rápidamente lo que queremos enseñarles. A veces cometerán errores al tratar de poner en práctica los principios que intentamos inculcarles. Pero nunca debemos desistir. Hay que enseñarles los caminos de Dios, hay que sembrar en su corazón y en su mente los principios de la Palabra de Dios. De manera que cuando sean mayores tengan guías que los ayuden a tomar decisiones correctas.

Animar

Cuando el hijo llega a la juventud, la función del padre cambia radicalmente. Ahora debe permanecer en la línea de banda mientras su hijo juega el juego de la vida. La etapa de enseñanza intensa ha pasado, ahora solo le queda esperar que su hijo ponga en práctica lo que aprendió. Debe mantenerse siempre cerca para aconsejar, para corregir algunos detalles, pero, más que nada, debe "echarle porras", animándolo para meter muchos goles.

Por lo general no estaremos a su lado cuando tenga que tomar las decisiones importantes de su vida. Cuando esté bajo presión y tenga que poner a prueba sus convicciones, necesitará echar mano de las enseñanzas y los principios que hayamos sembrado en su corazón. Cuando enfrente la decisión de fumar, beber o tener relaciones sexuales, ¿podrá tomar las decisiones correctas?

Aprendiendo a manejar

Al hablar acerca de la libertad que la gracia de Dios nos da y el peligro de caer en el libertinaje o en el legalismo, Charles Swindoll concluye: "Es mucho mejor que tengamos un respeto tan grande por el Señor, que eso nos lleve a controlarnos voluntariamente".[2] Luego nos da una bella ilustración:

"Recuerdo la primera vez que saqué mi licencia de conductor. Tenía 16 años. Ya hacía tres años que manejaba de vez en cuando (peligroso, ¿verdad?). Mi padre había estado conmigo la mayor parte de las ocasiones en que practicaba, serenamente sentado a mi lado en el asiento delantero, dando indicaciones, ayudándome a saber qué hacer. Mi madre casi nunca estaba con nosotros en esas salidas porque se ponía muy nerviosa. Mi padre era un poco más calmado. Los ruidos fuertes y las frenadas bruscas no le molestaban tanto. Pero el mejor era mi abuelo. Cuando conducía su auto y *¡Pumm!*, daba contra algo, me decía cosas como: 'Sigue adelante Charles, puedo comprar otra defensa para el auto, pero no puedo comprar otro nieto. Estás aprendiendo.' ¡Qué viejito tan extraordinario! Después de tres años de tantos desaciertos, al fin saqué mi licencia.

Nunca olvidaré el día que entré a la casa, exhibí mí recién adquirido permiso y dije:

—¡Mira, papá!

Y él respondió:

—¡Fantástico! Miren esto. Conseguiste el permiso. ¡Te felicito! —Tomó las llaves de su auto, me las arrojó, y sonrió—. Bien, hijo, puedes llevarte el auto por dos horas, tú solo.

Sólo dos palabras, dos maravillosas palabras: 'Tú solo'.

Le agradecí, salí danzando hacia el garaje, abrí la puerta del auto e introduje la llave del encendido. El pulso se me debe haber acelerado a 180 mientras retrocedía y me alejaba de la casa. Mientras circulaba 'yo solo', empecé a pensar locuras; por ejemplo: Este auto debe alcanzar los 150 kilómetros por hora. Podría llegar bien lejos si hiciera ese promedio. Podría tomar por la autopista y, si fuera necesario, pasarme algunos semáforos en rojo. Después de todo, ya no hay nadie que me diga: '¡No lo hagas!' ¡Eran ideas peligrosas, realmente desequilibradas! ¿Pero sabe una cosa? No hice ninguna de esas cosas. Creo que ni siquiera llegue al máximo de velocidad permitida. En realidad recuerdo que regresé a casa antes de tiempo... ni siquiera lo usé las dos horas. ¿Sorprendente? Tenía el auto de mi padre a mi total disposición con el tanque lleno de combustible y podía usarlo con toda libertad, pero no perdí los estribos. ¿Por qué? Porque la relación que tenía con mi padre y con mi abuelo era tan fuerte que no podía cometer actos inapropiados, aun cuando tuviera una licencia y no hubiera nadie en el auto para censurarme. A lo largo del tiempo se había desarrollado una actitud de confianza, una profunda relación de amor que me llevaba a someterme.

Después de entregarme las llaves del automóvil, mi padre no había salido corriendo para pegar un cartel en el parabrisas: 'No te atrevas a pasar la velocidad máxima autorizada', o 'La policía anda por toda la ciudad, hijo, y te agarrarán con toda seguridad, así que no se te ocurra correr riesgos.' Simplemente sonrió y dijo: 'Aquí están las llaves, hijo, disfruta tu paseo.'"

¿Cuál es la razón por la que el joven Charles no excedió los límites de velocidad ni hizo locuras? Charles tenía principios que fueron implantados en su corazón por su padre y su abuelo con amor. Principios que definían claramente los límites dentro de los cuales él podía moverse con seguridad en cualquier lugar y circunstancia. ¡Aunque no hubiera nadie vigilándolo!

Se requieren límites

No es fácil establecer límites para guiar a nuestras familias en la sociedad moderna. Al parecer, la única norma universalmente aceptada es que cada cual es libre de vivir como le plazca. Nuestra cultura desconoce a Dios y se ha quedado sin brújula. Desconoce los principios de la Palabra de Dios, desconoce el modelo de Dios.

En la Biblia, Dios nos da principios a través de los cuales podemos vivir y alumbrar nuestro andar diario. Si amamos a Cristo y seguimos sus enseñanzas, podremos establecer límites para gobernar nuestra vida en armonía con los principios bíblicos.

Existen cuatro clases de principios que deben ser tomados en cuenta en nuestra vida y en nuestro hogar:[3]

- Mandatos bíblicos
- Principios de vida
- Convicciones personales
- Normas comunitarias

Mandatos Bíblicos

Dentro de la categoría de mandamientos bíblicos entran todas las instrucciones divinas que han sido establecidas con claridad en la Biblia para definir lo que es agradable para Dios. Los mandamientos bíblicos nos ayudan a reconocer cuál es la conducta aceptable para Dios en cada circunstancia de nuestra vida. Nos ayudan a identificar y rechazar toda conducta pecaminosa que nos aleja de la justicia divina.

Un ejemplo lo encontramos en Colosenses 3:9: "*No mintáis los unos a los otros*". No queda lugar a dudas. El mandato divino es claro. La voluntad de Dios es que hablemos siempre la verdad. Podemos encontrar en la Biblia muchos otros pasajes que confirman este mandato. Proverbios 12:22 dice: "Los labios mentirosos son abominación a Jehová; pero los que hacen verdad son su contentamiento".

Nunca debemos discutir acerca de los mandamientos claros y evidentes de la Palabra de Dios. Si amamos a Dios guardaremos sus mandamientos. Estos mandamientos son claros, inequívocos, absolutos, no negociables y no pueden ser cuestionados.

Los mandatos bíblicos son absolutos. No están sujetos a discusión. Marcan la línea entre el pecado y la justicia en circunstancias específicas.

> **Donde Dios da mandamientos específicos no deja lugar para diferencia de opiniones o de preferencias.**

Donde Dios da mandamientos específicos no deja lugar para diferencia de opiniones o de preferencias. Los mandamientos bíblicos requieren de nuestra obediencia. Aplican por igual a todo hombre, mujer o niño en cualquier país del mundo. No importa en qué familia o país hayamos nacido. Si amamos a Dios, obedeceremos sus mandamientos y no será gravoso hacerlo (1 Juan 5:3).

Los mandamientos absolutos e indiscutibles de la Biblia dejan fuera de los límites de una conducta aceptable para el pueblo de Dios, entre otras, las siguientes formas de conducta:

El adulterio y la fornicación

Aunque la inmoralidad sexual es hoy por hoy una práctica aceptada por la sociedad, aprobada por el gobierno y promovida por los medios —especialmente la televisión—, la Biblia sigue declarando el mandato divino: *"No cometerás adulterio"* (Éxodo 20:14). Este mandato fue confirmado por el Señor Jesucristo (Mateo 19:17, 18). Pablo coloca el adulterio y la fornicación en primer lugar entre las obras de la carne que un cristiano debe rechazar: "Y manifiestas son las obras de la carne, que son: adulterio, fornicación, inmundicia, lascivia"(Gálatas 5:19).

La inmoralidad sexual daña no sólo a quien se involucra en ella, sino a todos los que están alrededor de esa persona. El daño físico y espiritual resulta irreversible en muchas ocasiones.

Para algunos, el adulterio y la fornicación son casi un deporte. Compiten con sus amigos para ver quién lo hace más. Pero quebrantar el mandato divino trae consecuencias severas.

A veces no nos damos cuenta de cuántas maneras la cultura moderna nos empuja a aceptar formas de conducta inaceptables para Dios.

El asesinato

No nos extraña ya oír acerca de las matanzas en las escuelas o de los asesinatos en serie en Cd. Juárez, México, o en cualquier otro lugar del planeta. Los héroes de la pantalla nos han acostumbrado a ver asesinatos a sangre fría, incluso los juegos electrónicos que esclavizan a nuestros hijos y cauterizan su conciencia con torrentes de sangre y violencia sin medida. El Libro de Dios sigue proclamando la instrucción divina: *"No matarás"* (Éxodo 20:13); en Mateo 19:17,18, Cristo lo confirma y Pablo lo reafirma en Romanos 13:9. El respeto absoluto a la vida del prójimo es una de las manifestaciones del amor obediente a los mandatos divinos. Esto incluye por supuesto el respeto a la vida de los bebés que aún se encuentran en el vientre de su madre.

Entre tantas cosas malas que hizo Bill Clinton, el ex presidente de los Estados Unidos, una de las peores fue apoyar la práctica del aborto mediante toda clase de métodos, incluyendo el conocido como "Aborto por Nacimiento Parcial". En este, el bebé se extrae parcialmente del vientre con los pies por delante. Con unas tijeras se perfora la parte trasera del cráneo y con un catéter se extrae el cerebro del bebé. ¿Horrible? ¡Claro! El asesinato en cualquiera de sus formas es un acto repudiable.

El robo

"No hurtarás" (Éxodo 20:15). *"El que hurtaba, no hurte más, sino trabaje, haciendo con sus manos lo que es bueno, para que tenga qué compartir con el que padece necesidad"* (Efesios 4:28).

A veces, el robo se ve como algo que no tiene gran relevancia. Los héroes de la pantalla lo hacen y ¡les va muy bien! Desde niños podemos caer en esta práctica. Tomar lo que no nos pertenece sin permiso es robar; ya sea algo tan pequeño como un dulce o algo tan grande como un auto.

En oportunidades, el robo se convierte en un estilo de vida llamado "cleptomanía". Los médicos lo llaman "enfermedad", la Biblia lo llama "pecado". Puede suceder en el hogar o en la oficina, en la calle o en la iglesia. Pueden ser objetos o ideas. De cualquier manera, robar trae graves consecuencias a la vida del individuo. De la población total de los reclusos en el Distrito Federal, México, el 51.75% están presos por delitos patrimoniales —robo en cualquiera de sus modalidades—, y el 60% de los presos son jóvenes de entre 18 y 30 años.

¡Qué decir de la piratería al copiar o distribuir grabaciones musicales o *software* sin permiso expreso del propietario, o adquirir estos productos a sabiendas de su origen ilícito! La Asociación Mexicana de Productores de Fonogramas y Videogramas (Amprofon) reveló en un reciente informe, que México es el tercer productor mundial de grabaciones piratas después de China y Rusia. Sólo en el año 2000 se vendieron unos 104 millones de copias piratas, comparadas con 67 millones de unidades legales. Actualmente seis de cada diez discos compactos vendidos en México son piratas. El negocio de la piratería de producciones fonográficas ocasiona pérdidas anuales cercanas a los 400 millones de dólares a la industria legal y al fisco mexicano.

Por otro lado, según la *Business Software Alliance* el 58% del *software* vendido en América Latina es pirata y representa una pérdida de 869,777 dólares. Según cifras oficiales, la reproducción y comercio de productos apócrifos se reconoce como el segundo negocio ilegal que más utilidades deja en México, después del narcotráfico y antes que el robo de vehículos. La ley contra la Delincuencia Organizada tipifica a la piratería como delito de esta índole y estipula sanciones de 4 a 16 años de prisión para quien incurra en este ilícito.

Pero, a pesar de esto, casi todos hemos oído "testimonios" de cristianos, incluyendo algunos pastores y libreros cristianos, en cuanto a la "bendición" que Dios les ha dado a través de la venta de productos pirata, con los cuales han "bendecido" a hermanos de escasos recursos y han recaudado fondos para la obra del Señor. ¿Cómo podría Dios bendecir el fruto del robo? La piratería es un delito, no hay excusa.

La embriaguez

"No os embriaguéis con vino, en lo cual hay disolución; antes bien sed llenos del Espíritu".
—Efesios 5:18

Aunque la Biblia no condena el uso de bebidas alcohólicas —y sabemos que en los países del viejo mundo los creyentes acostumbran tomar vino incluso en la celebración de la cena del Señor—, definitivamente la Escritura condena la embriaguez.

Tanto el Señor Jesús como Pablo hicieron serias advertencias al respecto:

"Mirad también por vosotros mismos, que vuestros corazones no se carguen de glotonería y embriaguez".
—Lucas 21:34

"...ni los ladrones, ni los avaros, ni los borrachos, ni los maldicientes, ni los estafadores, heredarán el reino de Dios".
—1 Corintios 6:10

"...borracheras, orgías, y cosas semejantes a estas; acerca de las cuales os amonesto, como ya os lo he dicho antes, que los que practican tales cosas no heredarán el reino de Dios".
—Gálatas 5:21

¿Por qué tiene el Nuevo Testamento una posición tan contraria a la embriaguez? No es difícil comprender la razón. El abuso del alcohol destruye la vida del individuo, destruye la familia y perjudica a la sociedad en general.

El alcoholismo causa enfermedad, destrucción y muerte. La violencia en contra de las mujeres y los niños, los accidentes automovilísticos, los crímenes, y muchos problemas más, tienen su raíz en el abuso del alcohol.

En México, dice Mario Gómez, de la Facultad de Medicina de la UNAM, 90% de la población mayor de 15 años consume alcohol y por cada 10 hombres hay 5 mujeres que lo toman en cantidades excesivas.

El 30% de los que se propasan con el alcohol tienen problemas psiquiátricos, 20% de los consumidores crónicos tiene disfunción laboral y social y 15% presenta cirrosis.[4]

El abuso del alcohol es un pecado, la desobediencia al mandato bíblico acarrea consecuencias físicas, mentales y espirituales. No debemos aceptar la atractiva oferta que nos hacen continuamente las grandes empresas cerveceras y los medios de comunicación con el beneplácito de nuestros gobiernos. El alcohol destruye y no debe tener lugar en nuestros hogares.

La homosexualidad

La relación sexual entre personas del mismo sexo está terminantemente prohibida en la Biblia.

"Por esto Dios los entregó a pasiones vergonzosas; pues aun sus mujeres cambiaron el uso natural por el que es contra naturaleza, y de igual modo también los hombres, dejando el uso natural de la mujer, se encendieron en su lascivia unos con otros, cometiendo hechos vergonzosos hombres con hombres, y recibiendo en sí mismos la retribución debida a su extravío. Y como ellos no aprobaron tener en cuenta a Dios, Dios los entregó a una mente reprobada, para hacer cosas que no convienen".

—Romanos 1:26-28

Cuando los hombres y las mujeres desechan a Dios, pierden por completo la brújula de sus vidas. No tener en cuenta a Dios significa no tener principios morales, perder todo punto de referencia. Por lo general encontramos que los grupos que están a favor de los derechos de los homosexuales también están en contra de Dios, de la Biblia y de los principios morales del Evangelio.

México ocupa el tercer lugar en el continente americano, después Estados Unidos y Brasil, en el número de casos de VIH/SIDA. Alrededor de 150,000 personas son portadoras del VIH en México. El SIDA representa la tercera causa de muerte en hombres de 15 a 44 años.

Cuando los hombres y las mujeres desechan a Dios, pierden por completo la brújula de sus vidas.

Los grupos a favor de los derechos de los homosexuales continúan luchando para recibir el reconocimiento de su estilo de vida por parte de la sociedad y del gobierno, pero lo que están haciendo en realidad, al quebrantar los mandatos divinos, es su propia destrucción, física, moral y espiritual.

En febrero de 2004, el gobierno de la ciudad de San Francisco, California, autorizó la celebración de matrimonios entre personas del mismo sexo. Miles de parejas acudieron de inmediato para legalizar su relación.

El 24 del mismo mes el presidente de los Estados Unidos hizo un llamado a la nación para definir y proteger la institución más fundamental para la civilización, el matrimonio, la unión de un hombre y una mujer como esposo y esposa, y propuso hacer una enmienda a la Constitución.

El Presidente dijo: "La unión de un hombre y una mujer es la institución humana más perdurable, honrada y promovida en todas las culturas y por todas las religiones. La experiencia de milenios le ha enseñado a la humanidad que el compromiso de un esposo y una esposa para amarse y servirse uno al otro promueve el bienestar de los niños y la estabilidad de la sociedad".[5]

El día 27 Rosie O'Donnell, persona muy conocida en los medios norteamericanos, quien anteriormente se había declarado públicamente lesbiana, se casó en San Francisco con su compañera de varios años Kelli Carpenter. O'Donnell dijo que el llamado del Presidente es lo que la había motivado a ir a San Francisco. Declaró: "Yo creo que las palabras del Presidente son, en mi opinión, las expresiones más viles y llenas de odio que jamás haya expresado algún presidente en funciones... estoy atónita y horrorizada... me parece que la enmienda propuesta es muy, muy, muy, muy ofensiva e inmoral".[6]

¿Quién está haciendo algo ofensivo e inmoral? Luego de la boda de O'Donnell, cientos de personas estallaron en aplausos a la salida de la oficina del Mayor de San Francisco. ¿Hasta dónde permitiremos que llegue nuestra cultura? Como cristianos necesitamos reafirmar nuestro compromiso con los principios bíblicos, enseñando a nuestros hijos a vivir de acuerdo a los mandamientos de nuestro Dios.

Aplicación en la vida cotidiana

Los mandamientos bíblicos nunca deben convertirse en letra muerta para nosotros. Necesitamos aplicarlos, incluso, a las circunstancias más simples de nuestra vida cotidiana:

¿Sería aceptable ir a la casa de un vecino para ver por la ventana cómo se desnuda y cómo se acuesta incluso con personas con las que no está unido en matrimonio? ¡No! ¡Claro que no!, pero eso es lo que hacemos al ver telenovelas o películas en las que la inmoralidad sexual se exalta hasta la exageración.

¿Podríamos permanecer en paz mientras frente a nuestro hogar asesinan despiadadamente a nuestros vecinos, incluso cuando no hay causa que justifique tal violencia? Eso es lo que hacemos con los videojuegos.

¿Estaríamos contentos compartiendo nuestro techo con un ladrón? ¿Con alguien que cotidianamente roba y defrauda a sus semejantes y a las autoridades? Eso es lo que hacemos cuando vendemos en nuestro negocio sin dar facturas, para no pagar los impuestos.

En la Biblia encontramos la única norma consistente disponible para la humanidad. En ella Dios nos marca líneas que nos sirven de guía para vivir. De hecho, la Palabra de Dios es lámpara "a mis pies... y lumbrera a mi camino" (Salmo 119:105). Bien podríamos decir que la Biblia es como un *Manual de operación* o *Manual del propietario*, en el que el *Fabricante* nos da las indicaciones pertinentes para tener una vida próspera y saludable.

Los mandamientos son para nuestra bendición

Dios traza estas líneas para nuestro bien. Él anhela bendecirnos. La bendición es el resultado de vivir dentro de las líneas que marcan los bordes de la senda que él nos ha trazado.

Todos anhelamos ser bendecidos por Dios. Pero hay algo que debemos entender. No podemos esperar ser bendecidos por Dios cuando estamos desobedeciendo sus mandatos. No podemos esperar que él cumpla sus promesas a la vez que estamos desobedeciendo flagrantemente sus mandamientos.

Creo firmemente en el poder de Dios para sanar nuestro cuerpo de toda enfermedad. La obra de Cristo en el Calvario es el sello de garantía. El profeta Isaías lo miró de antemano y Mateo y Pedro lo confirmaron después: "Él mismo tomó nuestras enfermedades, y llevó nuestras dolencias" (Mateo 8:17; Isaías 53:5; 1 Pedro 2:24).

Pero yo he visto iglesias en las que la gente pasa cada semana para que oren por ellos para recibir su sanidad. Cada vez que hay un llamado vuelven a pasar. Parece que la misma gente pasa una y otra vez, cada servicio, cada semana. ¿Será que nunca sanan o que cada semana tienen una nueva enfermedad?

Yo creo que Dios tiene misericordia y compasión para su pueblo. Pero pienso que el problema radica, no en que a Dios le falte poder para sanar, no en que Dios no esté dispuesto a cumplir sus promesas, sino en que nosotros no vivimos dentro de los límites que él ha establecido para nuestra bendición.

No hay oraciones mágicas ni aceites milagrosos que puedan sustituir la obediencia a los mandatos de Dios para obtener la bendición divina. La obediencia a los mandamientos bíblicos tiene muchas recompensas. Aquellos que guardan los mandatos divinos tendrán larga vida y les irá bien (Deuteronomio 5:16; 32:46, 47). La bendición de Dios es para los que oyen la Palabra de Dios y la guardan (Lucas 11:28). El que oye sus palabras y las hace tendrá fortaleza y estabilidad (lea Lucas 6:47, 48).

Principios de vida

En la Biblia, Dios nos da principios, consejos y recomendaciones, que no pueden catalogarse como mandamientos, pero cuya aplicación a nuestra vida produce beneficios incuestionables. Muchos de ellos son mandamientos del Antiguo Testamento que no están refrendados en el Nuevo.

No comer carne de puerco

¡Qué deliciosa es la carne de puerco! Con sólo pensar en una chuleta o en unas costillas de puerco se nos hace "agua la boca". En México tenemos muchos platillos especiales elaborados con carne de puerco: Carnitas fritas, cochinita pibil, tacos al pastor, etc. ¡Son irresistibles!

Para el pueblo de Israel la carne de puerco está, hasta el día de hoy, completamente fuera de su dieta. Tarde o temprano el cristiano se encuentra con los mandamientos que prohíben comer la carne de puerco entre otras. Levítico 11 y Deuteronomio 14 nos dan una lista muy extensa de los animales limpios —aprobados para la alimentación sana— y de los inmundos —que los israelitas no debían comer. La lista de animales inmundos incluye: el conejo, el avestruz, la rana, los peces sin aletas ni escamas.

Estas leyes pueden parecer exageradas. De hecho se puede argüir que no aplican a los creyentes que viven bajo la gracia y no están más sujetos a la ley, excepto lo que los apóstoles establecieron en el concilio de Jerusalén. Actualmente se come toda clase de alimentos "inmundos" en todo el mundo...y la humanidad está sufriendo las consecuencias. Es verdad que no necesitamos sujetarnos a la ley. Es verdad que este mandamiento no está específicamente refrendado en el Nuevo Testamento, pero también es verdad que si lo tomamos como un principio de vida, nos traerá bendición y salud.

En la Edad Media se acusaba a los judíos de hechicería porque ellos no eran afectados por las enfermedades que azotaban a sus vecinos. Una de las principales razones era que ellos observaban las leyes que regulaban la sana alimentación del pueblo de Dios.

De seguro que Moisés no lo sabía, pero hasta el día de hoy en los países no desarrollados la cisticercosis es todavía un grave problema de salud. La falta de control sanitario en la crianza de los cerdos y los malos hábitos alimenticios dan como resultado que en México se presenten 500 casos cada año, causando la incapacidad del paciente, e incluso, la muerte. La cisticercosis puede causar trastornos visuales; cuando afecta el cerebro se observan manifestaciones neurológicas tales como: convulsiones, alteraciones de conducta, hidrocefalia, meningitis y otros. Si afecta la columna vertebral se pueden presentar trastornos en la marcha, dolor u otros síntomas neurológicos.

Aunque no estamos sujetos a la Ley, bien haremos en abstenernos al máximo posible de ingerir la carne de puerco.

Exhortaciones neotestamentarias

Existen muchas exhortaciones neotestamentarias que no podrían catalogarse como mandamientos:

"Si es posible, en cuanto dependa de vosotros, estad en paz con todos los hombres".
—Romanos 12:18

Difícilmente podríamos estar en paz con todos los que nos rodean. Siempre habrá alguien a quien le caemos mal. En el vecindario, en la oficina o en la iglesia, nunca falta alguien que nos querrá hacer la vida pesada. Pero la exhortación es "en cuanto dependa de vosotros". Debemos hacer todo lo que esté a nuestro alcance para estar en paz con todos.

"En lo que requiere diligencia, no perezosos".

—Romanos 12:11

La pereza y la flojera no tienen lugar en la vida del creyente. La diligencia debe ser una de las cualidades más representativas de nuestra persona en cualquier ámbito en el que nos movamos. Nuestra ética laboral debe incluir una buena dosis de diligencia.

Earl Kellum, un misionero que fue un padre espiritual y un querido amigo para mi familia, era un ejemplo de trabajo y diligencia. Dios lo llamó para levantar iglesias en México, tanto en el sentido espiritual como en el material. Durante sus 50 años de ministerio levantó más de 400 iglesias en México y en Centroamérica.

En una ocasión se comprometió para ayudar en la construcción de un templo en Chiapas. Se suponía que los hermanos de la iglesia tendrían todo preparado para que él llegara con un equipo de jóvenes y albañiles para terminar el edificio y poner el techo de concreto.

Cuando llegaron no había nada. Tuvieron que empezar desde cero. Fueron a la selva para cortar madera bajo la lluvia y la llevaron sobre sus hombros hasta el lugar de construcción.

Cuando todo quedó listo para poner el techo, empezaron el trabajo a las 4 de la mañana. A las 6 de la tarde apenas habían terminado la mitad. El hermano Kellum dijo: "Vamos a continuar". A las 2 de la mañana, cuando estaban a punto de terminar, se acabó la grava. El hermano Kellum dijo: "hay que buscar grava, no podemos dejar el techo así". ¿Pero dónde? A esa hora era casi imposible. Pero él fue, la encontró y terminó el trabajo.

El hermano Kellum tenía tanta fuerza y tanto entusiasmo que aún a los 70 años de edad era difícil para los jóvenes seguirle el paso. Con su ejemplo bendijo e inspiró a todos los que tuvimos el privilegio de conocerlo.

"No os afanéis por vuestra vida".

—Mateo 6:25

En una ocasión escuché a Ernest Gentile, un ministro ya entrado en años, que hablaba acerca de lo que cambiaría si volviera a iniciar su ministerio. Dijo: "Me preocuparía menos y confiaría más en Dios". Preocuparse excesivamente por el mañana no alivia nuestros problemas. Confiar en Dios en todas las cosas, nos llena de paz, serena nuestros pensamientos, nos permite pensar mejor para encontrar la solución y, sobre todo, nos ayuda a permitir que Dios obre en manera sobrenatural en nuestra vida. Robert Ewing decía: "Cuando nosotros trabajamos, Dios descansa; pero cuando nosotros reposamos, Dios trabaja".

"...[ninguno] tenga más alto concepto de sí que el que debe tener".

—Romanos 12:3

En nuestra cultura competitiva y materialista es fácil caer en esta trampa. Las tarjetas de crédito nos ayudan cuando queremos vivir más allá de nuestras posibilidades. En México, la celebración de los 15 años de nuestras hijas se considera como algo de gran importancia, parece como que de ella depende la reputación de la familia y de la jovencita. Tiene que haber fiesta a como dé lugar y mientras más derroche se haga, mejor. No resulta extraño ver cómo las familias de todos los niveles sociales gastan el dinero que no tienen para hacer una fiesta espectacular... aunque tengan que pagar las consecuencias económicas por muchos años.

Preocuparse excesivamente por el mañana no alivia nuestros problemas.

En ese caso, aunque no es el único, no obedecemos el principio de vida neotestamentario que dice: "No debáis a nadie nada" (Romanos 13:8). Las deudas tienen un costo muy alto. Nos esclavizan y pueden llevarnos a la ruina financiera. La publicidad en los medios nos convence de que necesitamos tener tal o cual aparato. Pero no tenemos dinero suficiente para comprarlo. No hay problema. Podemos pagarlo a plazos. No nos damos cuenta de que terminaremos pagando mucho más. El impulsivo lo quiere ahora. El sabio espera, ahorra y cuando tiene lo suficiente lo compra con un ahorro considerable. Muchas veces la mejor decisión que podemos tomar es posponer la decisión de compra. En la mayoría de los casos nos daremos cuenta de que en realidad no necesitamos comprar.

Todas estas exhortaciones, y muchas más que podemos encontrar en la Biblia, no se pueden considerar mandamientos absolutos para el cristiano. Si un creyente come un delicioso sándwich de jamón de puerco, no peca. Pero si se abstiene voluntariamente de comer carne de puerco, tendrá bendición y su cuerpo permanecerá más saludable. Estos son los principios de vida.

Convicciones personales

Los mandamientos bíblicos se aplican a todos por igual, sin embargo, para cada uno de nosotros Dios crea "sendas de justicia" que pueden ser diferentes para cada individuo, pero que son compatibles con los mandatos bíblicos.

Daniel tenía convicciones personales. Él propuso en su corazón no comer de la mesa del rey —quizá contenía carne de animales inmundos. No era un mandamiento, pero estaba en armonía con los mandamientos y Dios lo honró.

Dios permite libertad y diversidad, nosotros debemos permitirlas también.

Por convicción, Daniel oraba tres veces al día. Cuando eso lo puso en riesgo, rehusó cambiar sus convicciones. Pagó el precio por establecer esos límites, y Dios lo honró y lo rescató.

Necesitamos tener convicciones personales que sean congruentes con la Palabra de Dios y con nuestra conciencia. Pero no debemos imponer nuestras convicciones a otros.

Las convicciones, opiniones y preferencias varían de persona a persona, de familia a familia y de generación a generación. Donde Dios permite libertad y diversidad, nosotros debemos permitirlas también.

Aretes para las niñas

Dios bendijo a mi familia con tres hermosas niñas. Al final, de forma inesperada, llegó un hijo varón para poner el balance en nuestro hogar. Al nacer cada una de ellas, teníamos que tomar una decisión. ¿Perforaremos la orejita de la niña para ponerle aretes?

En la cultura latina, tener aretes —y otros artículos de joyería— es una de las necesidades "básicas" de la mujer, casi tanto como comer y beber. Una mujer sin aretes se siente casi desnuda. Los aretes son parte de su personalidad, son ingrediente esencial de la "vanidad" femenina.

Cuando decidimos no poner aretes a nuestras hijas, casi se arma la revolución. Recibimos toda clase de comentarios y luego, cuando crecieron, las niñas sintieron la presión de sus amiguitas. ¿Por qué no tienes aretes?

Yo quería enseñarles que su valía no depende de lo que traigan puesto. Su belleza no depende de lo que puedan colgarse de las orejas. Como todos sabemos hay mujeres que se cuelgan hasta "la jaula del perico".

Siempre recuerdo cuando la primera niña cumplió diez años y tuvimos una plática al respecto. "Quiero que entiendas que tu belleza depende de lo que tienes adentro" —le dije—, "no de lo exterior. Siempre serás hermosa si llenas tu corazón de Cristo". Cuando sentí que ella había entendido la lección le permití empezar a usar aretes, siempre con modestia y discreción.

¿Debemos establecer esto como un mandato en nuestras familias o iglesias?

En nuestro caso se trató simplemente de una convicción personal que nos parecía estaba de acuerdo con los principios bíblicos que queríamos enseñar a nuestras hijas. De ninguna manera trataríamos de imponer esta convicción en otras familias o en la iglesia. Ni siquiera deberíamos juzgar mal a los que tuvieran una opinión diferente.

Tener convicciones personales es importante. Ellas definen la forma en que vivimos, cómo nos relacionamos con otros y cómo nos relacionamos con Dios. Debemos ser personas de principios y convicciones.

Normas comunitarias

La vida cotidiana requiere de normas comunitarias para establecer el orden, ya sea en el hogar, el trabajo, el negocio, la iglesia o cualquier otro grupo. Para ser parte del grupo se deben obedecer las normas.

En el trabajo

Cada lugar de trabajo tiene sus propias normas comunitarias. Muchas empresas relacionadas con el desarrollo de tecnología de computación, como Microsoft, tienen normas informales en lo concerniente a la manera de vestir. Prácticamente es pecado ir de traje y corbata. Allí hay que presentarse a trabajar con pantalones de mezclilla y playera de algodón. En cambio, las instituciones financieras requieren a sus ejecutivos andar impecablemente vestidos. Sería imperdonable presentarse a trabajar sin traje y corbata. Los que trabajan en estas empresas deben conocer y aceptar sus normas comunitarias, pues de otra manera se sentirían como peces fuera del agua y, probablemente, serían rechazados por el resto de la comunidad.

En el hogar

Papá y mamá tienen el derecho de establecer normas comunitarias en el hogar. Luego de orar buscando la sabiduría de Dios, deben establecer las normas que regularán la convivencia en el hogar. Esa es una de sus tareas más importantes.

La autoridad de los padres en el seno del hogar está confirmada por mandatos e instrucciones claramente establecidos en la Biblia:

"Honra a tu padre y a tu madre...".

—Éxodo 20:12

"Hijos, obedeced en el Señor a vuestros padres, porque esto es justo".

—Efesios 6:1

"...Si alguno anhela obispado... que gobierne bien su casa, que tenga a sus hijos en sujeción con toda honestidad (pues el que no sabe gobernar su propia casa, ¿cómo cuidará de la iglesia de Dios?)".

—1 Timoteo 3:1, 4, 5

"Guarda, hijo mío, el mandamiento de tu padre, y no dejes la enseñanza de tu madre... te guiarán... te guardarán...".

—Proverbios 6:20, 22

"Y vosotros, padres, no provoquéis a ira a vuestros hijos, sino criadlos en disciplina y amonestación del Señor".

—Efesios 6:4

Cuando en la familia no hay norma alguna, sus miembros hacen lo que desean, se visten como quieren, comen, duermen, van y vienen cuando quieren.

Establecer normas comunitarias en el hogar es nuestro privilegio como padres. Los padres no necesitamos un versículo específico que diga: "Cuando salgan de noche, deben reportarse para saber dónde están, con quién están y a qué hora regresarán".

No necesitan defender con un versículo específico las normas que hayan establecido en su hogar acerca de la hora de ir a la cama, el "toque de queda", las buenas maneras en la mesa o el lavado de los platos.

Por el contrario, el mandato bíblico respalda los principios de los padres al conferirles la autoridad general para cuidar de sus familias.

Cuando en la familia no hay norma alguna, sus miembros hacen lo que desean, se visten como quieren, comen, duermen, van y vienen cuando quieren. Los hogares sin normas son un caos. Los miembros sólo buscan su propio interés y se muerden unos a otros. Y luego nos preguntamos por qué esos hogares se derrumban. Sin embargo, es muy importante cuidarnos de no juzgar a otras familias que no tienen las mismas convicciones.

En la iglesia

Cada iglesia local tiene el privilegio de establecer sus propias normas comunitarias para regular la vida de la iglesia, siempre y cuando estén en armonía con los mandatos y principios de la Escritura.

Dios pone líderes en cada comunidad y les da la autoridad para establecer normas. Dios apoya y respeta ese liderazgo. Mi vida fue profundamente marcada por la enseñanza y el ejemplo de Robert Ewing, un hombre de Dios como pocos. Él tenía convicciones que se convirtieron en normas comunitarias para nuestra iglesia, y definieron la manera en que adorábamos y servíamos a Dios. Por ejemplo:

Ofrenda

En la iglesia nunca se pedía ofrenda. Se colocaba una caja en la parte posterior y se enseñaba a la congregación el principio de dar como una forma de adoración y nunca como un chantaje espiritual para obligar a Dios a bendecirnos. La provisión de Dios nunca faltó, todas las necesidades de la iglesia fueron suplidas abundantemente. El mismo hermano Robert nunca pedía dinero. Él confiaba en que si Dios lo había enviado a hacer su obra, Dios mismo supliría todo lo que hiciera falta para cumplir su ministerio. Y así fue.

Otras iglesias locales pueden tener otra manera de manejar el asunto de las ofrendas. He escuchado de una en particular que me gusta mucho. A la hora de depositar la ofrenda todos se colocan en la parte trasera de la iglesia y pasan corriendo al frente para depositar su ofrenda dando exclamaciones de júbilo. Cada iglesia local tiene libertad para establecer la mejor manera de recoger las ofrendas.

Santa Cena

La celebración de la Santa Cena en nuestra iglesia era una verdadera fiesta. Nunca se tomó a la ligera. Era la reunión a la que se le dedicaba la mayor preparación y todos asistíamos con expectación por lo que Dios haría. Los cantos especiales, la predicación, todo nos hacía regocijarnos en la memoria de la muerte y resurrección de nuestro Señor. Cuando llegaba la hora de participar del pan y de la copa, se repartía una porción a cada persona y esperaban hasta que todos estuvieran listos para participar a la vez.

¿Deben otras iglesias hacerlo de la misma manera? ¡No! Algunas forman grupos y toman por turnos de la misma copa. Algunas usan un solo pan y cada persona toma de él su porción. Lo importante es celebrar la Cena del Señor tan frecuentemente como sea posible para recordar la obra redentora de Cristo y mantener la expectación por su venida.

Los caminos apostólicos que el hermano Robert nos enseñó han sido de gran bendición para mi vida, pero entiendo que las normas comunitarias de mi iglesia no pueden establecerse como normas universales para otras iglesias.

En el siguiente capítulo hablaremos de cómo aplicar estos conceptos en áreas específicas de la vida en el hogar.

CAPÍTULO 6

ÁREAS QUE REQUIEREN LÍMITES

Vamos a revisar siete áreas fundamentales en la vida de nuestros hijos, en las que necesitamos establecer límites que los ayuden en su vida cotidiana y les den una estructura en su espíritu que pueda sostenerlos con firmeza cuando sean adultos. Los siete ejes más importantes en la vida de nuestros hijos son:

- La relación con Dios
- La relación con su propia familia
- La relación con sus autoridades
- La relación con sus iguales
- La relación consigo mismo
- El propósito de su vida
- El trabajo

Para cada una de estas áreas de la vida pondremos ejemplos que nos ilustren qué mandamiento bíblico, principio de vida y convicciones pueden aplicarse en el hogar.

Relación con Dios

Mandamientos absolutos

"Y amarás al Señor tu Dios con todo tu corazón, y con toda tu alma, y con toda tu mente y con todas tus fuerzas. Este es el principal mandamiento".
—Marcos 12:30

Es muy apropiado empezar por aquí. Este es el mandamiento más importante que existe. Es el concepto más valioso que podemos inculcar en nuestros hijos. De manera natural un niño crece amándose a sí mismo. Piensa que él es el centro del universo y que todos existen para cuidarlo y darle todo lo que él necesita.

También es natural que ame a sus padres. Ellos son los que proveen para todas sus necesidades, lo cuidan, lo ayudan y lo consuelan. Igualmente es natural que los niños amen las cosas que les dan. Su felicidad parece depender de lo que les damos. Llegan a amar más a los objetos que a las personas.

Necesitamos enseñarles desde pequeños que existe un Dios maravilloso que es el centro del universo, que debe ser el centro de su vida y de quien depende su verdadera felicidad. No es suficiente con llevarlos a la iglesia. No es suficiente con que reciten algunas porciones de la Biblia. Es necesario ayudarlos a conocer personalmente a Dios.

Las iglesias están llenas de gente que no conoce a Dios. Pablo dijo a los corintios: "Velad debidamente, y no pequéis; porque algunos no conocen a Dios; para vergüenza vuestra lo digo" (1 Corintios 15:34). De los hijos de Elí se decía que "no tenían conocimiento de Jehová"(1 Samuel 2:12).

Para muchos, la iglesia y las cosas de Dios se convierten simplemente en un rito religioso sin mayor significado para la vida.

Una de las responsabilidades más grandes que tenemos como padres es transmitirle a nuestros hijos el conocimiento de Dios. Es vital que sepan que Dios es real y que es nuestro Creador y Salvador. Que conozcan el amor de Dios, su justicia y autoridad es importante.

Nuestra labor como padres no estará completa a menos que logremos llevar a nuestros hijos a profesar un amor tan grande por Dios, que todo lo demás palidezca en comparación.

Los niños pequeños admiran a sus padres. Los ven grandes, fuertes, guapos, inteligentes. Cuando crecen... se dan cuenta de que todo era sólo una ilusión. Para mí, el desencanto llegó demasiado pronto. En una ocasión, jugando con mi hijita Aby, de cinco años de edad, le pregunté quién era el más fuerte y el más guapo. La respuesta debió ser: "¡Tú!". Pero ella se quedó pensativa por un momento y dijo: "Papi, el más fuerte y el más guapo es Dios... pero tú estás en segundo lugar". No fue una buena experiencia para mi ego, pero eso es lo que quisiera que mis hijos pensaran siempre: Que Dios es más grande y más importante que cualquier cosa en la vida. Que lo amen más que a nadie, incluyendo a sus padres, eso es lo que cuenta.

Una de las metas más importantes en el hogar debe ser llevar a los hijos a experimentar el nuevo nacimiento. Esta no es la responsabilidad de la iglesia ni de la maestra de la escuela dominical. Es nuestra responsabilidad y nuestro privilegio. Cumplir esta meta llenará de alegría nuestro corazón y tendrá repercusiones eternas.

> **Una de las metas más importantes en el hogar debe ser llevar a los hijos a experimentar el nuevo nacimiento.**

Los "científicos", fieles creyentes de la teoría de la evolución, siguen trabajando con denuedo para convencernos de que no somos más que "animales". Que nuestro origen se remonta a unas sustancias químicas que por azares del destino se combinaron de la manera correcta para dar inicio a la vida en nuestro planeta, y que nuestro destino es simplemente desaparecer comidos por los gusanos en nuestra tumba. No hay más.

Nuestros hijos no son "animales" que nos fueron dados para criar, son seres creados por Dios con un destino sublime y eterno. Es nuestra responsabilidad prepararlos para la eternidad, para ser una joya preciosa en las moradas celestiales, para ser el gozo de Cristo por siempre.

No permitamos que la relación de nuestros hijos con Dios caiga en la religiosidad o el legalismo. No se trata de una religión llena de ritos aburridos que no se pueden entender. Ellos deben tener una relación viva, fresca, significativa con

Dios. Dios debe ser real para ellos, debe ser un Padre tierno y amoroso que está siempre buscando diferentes maneras de bendecirlos y llenar sus vidas de propósito y realización. Cada etapa de su vida y cada paso de obediencia a Dios deben ser celebrados. La presentación del bebé, el día en que con plena conciencia recibe a Cristo en su corazón, el día de su bautismo en agua, el día en que recibe el bautismo con el Espíritu Santo, deberían ser días de fiesta, días memorables para toda la familia. En cada una de estas experiencias se reafirma su relación con Dios y su compromiso para servirlo y dedicar sus vidas para honrarlo.

Principios de vida

"Para no vivir el tiempo que resta en la carne, conforme a las concupiscencias de los hombres, sino conforme a la voluntad de Dios".
—1 Pedro 4:2

Si nuestros hijos aprendieran a escuchar la voz de Dios. Si aprendieran a buscar el consejo de Dios a la hora de tomar sus decisiones. ¡Qué bendición y paz tendríamos!

Cada día podemos ver en los noticieros la enorme cantidad de jóvenes que, al ir en pos de los deseos de su carne, han arruinado su vida. Llenan las cárceles y los hospitales. Incrementan las filas de madres solteras y padres ausentes.

Aprender a hacer la voluntad de Dios en cada área de su vida es de crucial importancia.

"Cada uno dé como propuso en su corazón: no con tristeza, ni por necesidad, porque Dios ama al dador alegre".
—2 Corintios 9:7

El principio de dar en muy importante. No debemos verlo como un mandato, sino como un principio de bendición para nuestra vida. Dios nos da la oportunidad de bendecir a otros y colaborar en su obra. No por obligación, sino voluntariamente. No con pesar, sino con alegría y disposición de corazón. Dios no anda atrás de nuestra cartera. Él quiere nuestro corazón.

¿Cuánto debemos dar? ¿Diez, veinte por ciento, lo que sobre después de cubrir nuestras necesidades? ¿Debemos calcular el diezmo antes o después de impuestos? Lo importante es tener este principio en nuestro corazón. Darle a Dios de nuestras primicias y del fruto del trabajo de nuestras manos. Darle simplemente como una muestra de adoración, sin esperar nada a cambio. Dar a nuestro prójimo cuando esté en necesidad. Dar es uno de los caminos a la bendición y a la abundancia.

Mi amigo Eduardo había conocido a Dios en un tiempo de crisis. Su hijo estaba gravemente enfermo y Eduardo prometió entregarle a Dios su vida si lo sanaba. Dios lo hizo y Eduardo cumplió su palabra. Uno de los primeros principios que aprendió en su nueva vida cristiana fue acerca del diezmo. Cuando entendió que Dios quería que le diera parte de sus ingresos, empezó de inmediato y su oración era: "Señor permíteme darte más". Dios lo bendijo y pronto obtuvo un proyecto que le permitiría cumplir uno de sus sueños: Tener un auto deportivo nuevecito.

Entonces, me contó Eduardo con una sonrisa recordando la experiencia: "Cometí un error. Le pregunté a Dios: ¿Por qué me pides sólo el 10% y me dejas quedar con el 90%? Él me contestó: El 10% es mío. Entrégalo en la iglesia y despreocúpate del asunto. Yo le voy a pedir cuentas de ese dinero al pastor. Pero el 90% restante también es mío. ¡Y de eso te voy a pedir cuentas a ti!".

Eduardo no compró su auto soñado. Aprendió a darle a Dios y a administrar sabiamente lo que le quedaba. Dios lo ha prosperado de una manera increíble hasta el día de hoy.

Nuestros hijos deben crecer con esta clase de principios en su vida, manteniendo una relación viva y significativa con Dios a través de la oración, la lectura de la Biblia y la participación en las reuniones de la iglesia local. Buscando siempre agradar a Dios en todo.

Convicciones

¿Cómo debemos orar? Algunos oran dirigiéndose a Dios con familiaridad, tuteándolo: "Señor, tú eres mi Dios". Otros sienten que por respeto a Dios deben hablar de manera más formal: "Señor, usted que es el Creador del universo". Algunos oran con los ojos cerrados, otros lo hacen con los ojos abiertos. En algunas familias se establece la regla: "No hay desayuno si no hay lectura de la Biblia". Buscar a Dios por la mañana se considera prioritario. Otros prefieren tener su tiempo devocional por la noche, cuando ya no hay prisas y pueden buscar el rostro del Señor con quietud.

Para algunos asistir a ceremonias religiosas católicas o indígenas, puede ser una experiencia cultural o incluso una oportunidad para evangelizar a los familiares no creyentes, cuando celebran alguna boda o bautismo. Para otros esto puede ser considerado como una participación en una celebración pagana o idólatra.

En una ocasión cuando teníamos la visita de algunos ministros extranjeros en la iglesia, los llevamos a conocer la zona arqueológica de las pirámides de Teotihuacán, en nuestro país, México. Con mucho orgullo les mostrábamos los restos espléndidos de aquella civilización. Llegamos a una explanada donde se estaba llevando a cabo una exhibición de los "Voladores de Papantla".

Uno de los ministros me preguntó qué era lo que estaba pasando. Muy contento de poder compartir parte de "mi herencia cultural" le expliqué la ceremonia. Los hombres-pájaro o "voladores" son una tradición mexicana consistente en una danza espectacular para agradar a los dioses. Según la leyenda Totonaca, los dioses dijeron a los hombres "Bailen, nosotros observaremos". Un grupo de hombres suben a un poste de 30 metros de alto, se atan una cuerda a los pies y se lanzan de cabeza al vacío con los brazos abiertos, girando alrededor del poste. Al mismo tiempo, otro toca música indígena con instrumentos musicales de madera hechos a mano. La flauta representa el canto de las aves y el tambor representa la voz de dios. Esta danza es también un símbolo de los cuatro puntos cardinales (la plataforma de cuatro lados y los cuatro voladores). El volador principal, el músico, baila en la parte superior del poste y gira hacia los cuatro puntos cardinales, comenzando por el oriente pues es ahí donde se origina la vida. Cada volador gira 13 veces, esta cifra multiplicada por los 4 voladores resulta en 52 círculos en total, puesto que según el calendario maya, cada 52 años forman un ciclo solar, y cada año está compuesto de 52 semanas, después de las cuales un nuevo sol nace y la vida sigue su curso. Los voladores arriesgan así su vida, de manera que el nuevo sol pueda nacer, y la tierra se llene de felicidad.

Cuando terminé mi "sabia" explicación, el hermano se me quedó viendo sorprendido y me preguntó: "¿Te vas a quedar aquí mientras ellos invocan y adoran a sus dioses paganos? Yo no". Y se fue, dejándome boquiabierto y preguntándome cuántas cosas así suceden en las escuelas, trabajos o en cualquier lugar de nuestro país, en las que participamos sin conciencia de lo que significan.

Yo también me retiré del lugar y desde entonces he tenido cuidado de no participar a sabiendas en ceremonias dedicadas a los demonios. Pablo dijo "que lo que los gentiles sacrifican, a los demonios lo sacrifican, y no a Dios; y no quiero que vosotros os hagáis partícipes con los demonios" (1 Corintios 10:20).

En todo lo que hagamos necesitamos tener principios, convicciones, que puedan señalar el camino correcto por el que debemos andar.

Relación con su propia familia

Mandamientos absolutos

"Lo que Dios juntó, no lo separe el hombre".

—Marcos 10:9

De acuerdo al reporte de Bertha Mari Rodríguez, académica de la Escuela Nacional de Trabajo Social de la Universidad Nacional Autónoma de México, uno de cada 13 matrimonios en México termina en divorcio. En el Distrito Federal el promedio es de uno por cada ocho. Basándose en los informes reportes del Instituto Nacional de Estadística, Geografía e Informática, señaló que en el año 2000 se registraron 52 mil divorcios. Además se calcula extraoficialmente que por cada divorcio hay cuatro separaciones sin legalizar entre las parejas que no están casadas civilmente, lo cual da como resultado 261 mil parejas separadas o divorciadas al año.[1]

De acuerdo a un estudio llevado a cabo por el Instituto Nacional de las Mujeres, las madres mexicanas alcanzan la cifra de más de 23 millones. De ellas, tres cuartas partes están casadas o unidas; la quinta parte es divorciada, separada o viuda, mientras que las madres solteras suman el cinco por ciento del total.[2]

Cuánto nos hemos alejado de los lineamientos que Dios ha establecido para la familia. De acuerdo a los datos mencionados, tenemos 1,150,000 madres solteras, y más de 4,600,000 de mujeres divorciadas o separadas. La situación en México es similar a la del resto de los países latinoamericanos. Los resultados son devastadores para los hijos y para la sociedad.

Nuestros hijos están en contacto frecuentemente con niños cuyos hogares se han roto. Para ellos el padre es una figura ausente o inexistente. En el salón de clases tu hijo conoce por lo menos a cinco niños de padres divorciados o separados.

Uno de los mejores regalos que podemos darle a nuestros hijos es la certeza de que sus padres nunca se separarán, por ningún motivo, bajo ninguna circunstancia. Saber que su papá ama a su mamá es más importante para su sentido de seguridad que cualquier otra cosa. Escuché a Josh McDowell compartir la siguiente historia en una reunión para pastores:

"Mi hijo de 6 años llegó un día de la escuela con una expresión sombría. Actuaba raro. Yo le pregunté:

—¿Qué tienes?

Titubeando por la duda, me preguntó:

—Papi, ¿Te vas a divorciar de mamá?

Pronto me di cuenta de que durante los últimos tres meses, los padres de tres de sus mejores amigos en la escuela se habían divorciado. Esto causa un efecto emocional muy fuerte en los niños. El temor llena su corazón pensando que por mucho que parezca que se aman, sus padres también se van a divorciar.

Me puse de rodillas, lo tomé en mis manos y le dije:

—Hijo, quiero que me escuches muy bien, yo amo a tu mamá, estoy comprometido con ella de por vida.

Y, alzando la voz, concluí:

—¡Hijo, jamás dejaré a tu mamá!

Reflejando la más profunda alegría en su rostro, me dijo:

—¡Gracias, papá!"

Lo que ese niño necesitaba más no era saber cuánto lo amaba su papá, sino cuánto amaba a su mamá y tener la seguridad de que nunca la dejaría. Hoy necesitamos padres que entiendan el significado de este mandamiento, padres comprometidos con Dios y con su esposa para toda la vida.

Otros mandamientos que debemos tomar en cuenta para nuestro hogar son:

El esposo debe amar a la esposa con amor sacrificial (Efesios 5:25, 33), la esposa debe someterse a su esposo y respetarlo (Efesios 5:22, 33). Los hijos deben honrar y obedecer a sus padres (Efesios 6:1-3), los padres no deben provocar a ira a sus hijos, deben entrenarlos (Efesios 6:24).

Principios de vida

La circuncisión

Este es un asunto muy interesante. Algunos padres definitivamente se oponen a que sus hijos varones sean circuncidados. Por un lado, consideran que este es un mandato exclusivo para los judíos. A veces, también, han oído historias sin fundamento en cuanto al efecto que esto puede tener en la vida sexual del hombre.

Como en muchos otros casos, el hombre moderno no comprende la razón de ser de esta ordenanza divina. La Biblia no explica los beneficios que esta práctica le puede dar al hombre. Los israelitas simplemente aceptaron la instrucción de Dios y la pusieron en práctica con todos sus hijos varones.

¿Qué opina la ciencia médica hoy? Se ha descubierto que la circuncisión de los recién nacidos disminuye el riesgo de cáncer en el pene y cáncer cervical en la pareja sexual. También se cree que disminuye el riesgo de infecciones en las vías urinarias.

Ya los apóstoles se encargaron de aclarar que los creyentes no están obligados a circuncidarse. Pero ellos estaban luchando en contra de la religiosidad y el legalismo. Ni ellos ni nosotros podemos estar en contra de una práctica que beneficia la salud del creyente. Circuncidarse no es un mandamiento. Es un principio de vida.

Hospitalidad

"No os olvidéis de la hospitalidad".
—Hebreos 13:2

Este es un arte olvidado. Resulta mucho más práctico y conveniente invitar a alguien a comer afuera. Lo más frecuente, sin embargo, es que nos olvidamos por completo de practicar la hospitalidad. Para muchos de nosotros puede resultar sorprendente la importancia que se le da en las Escrituras a la hospitalidad. ¿Nos estaremos perdiendo de algo que Dios quiere darle a nuestra familia?

Convicciones

La televisión en el hogar

Desde antes de casarnos, mi esposa y yo hablamos del asunto y acordamos que no habría televisión en nuestro hogar. Yo no había estado expuesto a la televisión durante la mayor parte de mi juventud y no sentía que me hiciera falta. Había llenado mi vida con las actividades de la escuela y de la iglesia. Tuve el privilegio de vivir varios años, mientras estudiaba en la ciudad de México, en casa de una mujer de Dios, Malena Wong, cuyo ejemplo de fe y dedicación para buscar al Señor fueron una inspiración para mí. No había televisión en su casa, pero no recuerdo haber pasado una tarde aburrido por falta de entretenimiento.

Esta es una de las mejores decisiones que hemos tomado. Veinte años después seguimos confirmándolo. No nos hemos perdido de nada que valga la pena. De hecho, nos hemos librado de las toneladas de basura que la televisión descarga dentro de cada hogar y cada corazón que le abre las puertas.

Sólo basta con ver los programas de televisión por un momento al esperar ser atendidos en el banco o en un consultorio para quedar convencidos de que esa no es la clase de influencia que queremos en nuestro hogar. Permítanme compartirles mis últimas experiencias al respecto:

Mientras comía en un restaurante se mostraba en la pantalla un programa en el que dos jovencitas debían hacer todo lo que pudieran para conquistar a un joven y no ser eliminadas. Una trataba de superar a la otra en toda clase de insinuaciones y acciones sensuales mientras el joven aprovechaba gustoso todas las oportunidades que le daban. Era una lástima ver como esas jovencitas estaban tan dispuestas a degradarse y exponerse públicamente, y todo ¿para qué? ¿para ganar un momento de fama o alguna cantidad de dinero? ¡Ridículo! No es eso lo que mis hijas necesitan.

Estaba esperando ser atendido en un banco mientras en la televisión pasaba un programa en el que participaban homosexuales o, por lo menos, hombres que pretendían ser homosexuales. Uno de ellos, actuando exageradamente afeminado, insinuaba lo que había hecho la noche anterior mientras estaba en la cama con otro hombre, todo en medio de risas de los actores y del público. ¿Desde cuándo el pecado burdo es motivo de risa y sana diversión? La televisión es uno de los principales promotores de los derechos de los homosexuales, los medios de comunicación están llenos de mensajes que nos obligan a aceptar este estilo de vida como algo digno y respetable. México también está entre los países que ha legalizado o está a punto de legalizar el matrimonio entre homosexuales. La Ley de Sociedades de Convivencia propuesta por el PRD legalizará, en caso de ser aprobada, la unión de parejas homosexuales, dándoles también el derecho de adoptar menores. Gracias a Dios la "Unión Fraternal de Iglesias Evangélicas" solicitaron apoyo a varios ministerios, entre ellos "Enfoque a la Familia" y están luchando porque esta ley no se apruebe. Los homosexuales necesitan el amor, el perdón y la restauración que sólo Dios puede darles, pero nuestros hijos no necesitan esa clase de ejemplos.

Cuando veo este tipo de escenas me parecen repugnantes. Pero cuando observé la reacción de la gente que estaba alrededor de mí, viendo las mismas imágenes, ellos sonreían. Les parecía divertido, no les causaba extrañeza. ¿Por qué? Porque sus conciencias están cauterizadas. Han estado llenando sus mentes de tanta basura que ya no les afecta, sus conciencias ya no reaccionan. Han llegado a aceptarlo como una parte normal de la vida, sin darse cuenta del daño que eso puede causar en su vida y, sobre todo, en sus hijos.

¿Cuáles serán los valores de nuestros hijos al crecer si, de acuerdo a las estadísticas, pasan más tiempo viendo televisión que en la escuela? Ni qué decir del poco tiempo que pasan recibiendo la instrucción personal de sus padres. ¿Y qué es lo que ven? Escenas de inmoralidad, la mayoría de las cuales ocurren fuera del vínculo matrimonial. Agréguele las escenas de violencia, derramamiento de sangre y asesinatos, los mensajes del feminismo y liberalismo, y póngale la cereza al pastel con la abundancia de lenguaje sucio. Es una receta fantástica para ensuciar el corazón de nuestros hijos de por vida. La constante exposición a esta clase de basura puede tornarlos insensibles moralmente de manera que pronto estarán aceptando lo que Dios aborrece.

No puedo enumerar todos los beneficios que mi familia ha recibido por no tener televisión. Hemos podido llenar nuestra vida de buenos libros, nuestros hijos son excelentes lectores. Hemos disfrutado infinidad de tiempos de comunión familiar, por horas podemos estar juntos para hablar de las cosas de Dios o de cualquier tema interesante. Hemos tenido tiempo para ir juntos a andar en bicicleta en un parque o a caminar en bellísimos senderos de la montaña.

¿Debemos esperar que todas las familias tiren su televisión? ¡No! Esto es una convicción personal y familiar.

> ¿Cuáles serán los valores de nuestros hijos al crecer si, de acuerdo a las estadísticas, pasan más tiempo viendo televisión que en la escuela?

No podemos imponer nuestra convicción a otros, pero se la recomendamos de corazón.

Relación con sus autoridades

Mandamientos absolutos

"Hijos, obedeced en el Señor a vuestros padres, porque esto es justo".
—Efesios 6:1

"Siervos, obedeced a vuestros amos terrenales con temor y temblor, con sencillez de vuestro corazón, como a Cristo".
—Efesios 6:5

"Recuérdales que se sujeten a los gobernantes y autoridades, que obedezcan, que estén dispuestos a toda buena obra".
—Tito 3:1

"Sométase toda persona a las autoridades superiores; porque no hay autoridad sino de parte de Dios, y las que hay, por Dios han sido establecidas".
—Romanos 13:1

Una de las primeras expresiones de un corazón en problemas es centrarse en sí mismo, la primera manifestación del pecado es el orgullo. El orgullo dice: "Yo no necesito a nadie más", "Yo soy más que suficiente", "No necesito que nadie venga a decirme lo que tengo que hacer". Esa fue la actitud de Satanás en el principio. Y de ahí nació la rebelión.

Dios delega autoridad en cada área de nuestra vida para establecer límites para el comportamiento humano. La autoridad es buena para el hijo en el hogar y para el ciudadano en su país. Al reconocer la autoridad la persona encuentra verdadera libertad y creatividad.

Muchos de los problemas en la vida de los hijos surgen por una falta de entendimiento en cuanto a la importancia y los beneficios que pueden recibir de parte de las autoridades que Dios ha puesto en su vida. En este asunto de la autoridad y la obediencia debemos ir un paso más adelante con nuestros hijos. No sólo debemos esperar su obediencia, debemos procurar su sumisión. Esto es, obediencia que brota del corazón. No algo superficial, externo, sino que nace en lo más profundo del ser, que manifiesta conformidad y confianza. Puede ser que nuestro hijo no entienda nuestros motivos ni nuestro objetivo, pero puede aprender a confiar y obedecer por amor.

Cuando el ángel le anunció a María que tendría un hijo a pesar de ser virgen, de seguro pasaron por su mente mil pensamientos veloces: "¿Qué pensará José? ¿Qué pensará la gente? ¿Me juzgarán y me condenarán?". Su vida estaba en peligro. Pero ella contestó simplemente: "He aquí la sierva del Señor; hágase conmigo conforme a tu palabra". María confiaba plenamente en Dios. Sabía que Dios sólo haría lo mejor para ella. Confiaba y se sometía gustosa aunque no comprendiera lo que estaba pasando.

Hasta resulta gracioso, a veces, ver cómo los niños se rehúsan a obedecer a sus padres en público, o ver lo difícil que resulta para las maestras de la escuela dominical controlar a los niños, especialmente a los hijos de los líderes, porque se niegan a obedecer y son muy irrespetuosos.

Había una larga fila formada de personas precisamente atrás de dos mujeres jóvenes, una de las cuales tenía en brazos a una niña como de dos años de edad. Como la espera era larga, la niña se desesperó y pidió bajarse. Inmediatamente se alejó entre la multitud mientras las mujeres seguían platicando distraídas. De pronto se dieron cuenta que la niña estaba lejos y la empezaron a llamar. Una y otra vez la que parecía ser su mamá la llamó por su nombre, le rogó que viniera, la amenazó, la chantajeó y nada, la niña nunca obedeció. Por fin la mamá fue por ella y la obligó a estar cerca de ella, pero la niña estaba molesta haciendo berrinche. La tomó en sus brazos y la niña empezó a pegarle con sus manitas. Como su mamá no le hacía mucho caso, empezó a pegarle a su tía, quien tratando de ayudar, se acercó para que la niña pudiera pegarle mejor. Entonces la niña se acercó a su hombro e intentó morderla. La tía le dijo: "Si quieres puedes morderme" y se acomodó para que la niña pudiera hacerlo. Sólo así lograron mantenerla quieta, aunque no por mucho tiempo.

Qué contraste con la familia de Susana Wesley. A los niños se les enseñaba "a llorar bajito", no había berrinches ni escándalos, a veces la quietud era tal que "parecía como si no hubiera niños". Cuando los niños querían algo "lo pedían en voz bajita". No queremos tener "angelitos" perfectos, pero tampoco queremos tener monstruos desobedientes e irrespetuosos.

Principios de vida

Una situación que se presenta frecuentemente cuando los hijos crecen y se quedan solos en casa, es la discusión que se suscita para determinar quién es el que manda en ausencia de papá y mamá.

¿Deben los hermanos menores obedecer a los mayores cuando no está papá y mamá? Sí, los padres pueden delegar su autoridad en el primogénito. Hay que conferir esta autoridad de forma clara frente al resto de los hijos. Hay que enseñarles que la autoridad no nos es dada para oprimir, sino para liberar y para servir.

El hermano mayor no usará la autoridad para abusar del menor. El hermano menor obedecerá con corazón sumiso aunque no esté de acuerdo. Si hay alguna diferencia, esperarán al regreso de sus padres para reportar el incidente y resolver cualquier diferencia que se haya presentado.

Permitir que ellos definan quién tiene la autoridad cuando no estamos puede convertirse en una guerra civil.

Convicciones

La celebración del Día de los Muertos

Todas las familias evangélicas mexicanas con hijos en edad escolar tienen que enfrentar tarde o temprano una decisión: ¿Obedecerán a las autoridades de la escuela que exigen a sus hijos participar en la celebración del Día de los Muertos? La falta de participación puede tener repercusiones serias en las calificaciones del niño y además puede generar burlas o rechazo de parte de sus compañeros y maestros.

El Día de los Muertos es una celebración tradicional mexicana que honra a los difuntos y que coincide con la celebración anglosajona de *Halloween* y la fiesta católica del Día de Todos los Santos. Esta celebración, al igual que la de *Halloween*, tienen su origen en ritos paganos de los celtas, los romanos y, en el caso de México, de los aztecas.

Los aztecas ofrendaban a sus difuntos frutas, legumbres, gallinas, ropa, mantas, y sacrificaban a doncellas, a jóvenes y a esclavos para ayudar a los muertos en su camino por el otro mundo. Con la llegada del cristianismo, el culto azteca a los muertos se fusionó con la celebración católica del Día de Todos los Santos. Es una celebración que mezcla lo religioso con lo pagano, el miedo y la burla a la muerte. La muerte es ridiculizada en caricaturas y "calaveras", y es comida en forma de dulces o pan. En las casas, y ahora también en las escuelas, se arreglan ofrendas o "altares" con flores, dulces, alimentos, veladoras, incienso, figuras religiosas y fotografías de los difuntos. Las "Calaveras" y el "Pan de Muertos" son especialmente apreciados. El segundo día incluye una visita al cementerio.

De acuerdo a la tradición, las veladoras sirven para guiar el alma del muerto hacia la ofrenda. Los pétalos de la flor de Cempoaxóchitl se riegan desde la entrada hasta la ofrenda con el mismo propósito. El incienso o copal sirve para purificar el ambiente de malos espíritus. La comida, el pulque o el tequila sirven para alimentar el alma del muerto, para que recupere sus fuerzas y le ayude en su camino. ¿Qué debe hacer un cristiano? Por un lado tenemos la instrucción bíblica de obedecer a nuestras autoridades, pero por el otro lado, la misma Escritura nos ordena no participar de lo ofrecido a los ídolos. Es mi convicción que nuestros hijos no deben participar en estas celebraciones aunque les afecte en su calificación. Durante esos días los niños pueden permanecer en casa para evitar la presión de sus maestros y compañeros, y confiar en que Dios les dará gracia y sabiduría para salir adelante con éxito en sus estudios. Cada familia tiene que tomar una decisión al respecto.

Relación con sus iguales

Mandamientos absolutos

"Amarás a tu prójimo como a ti mismo".
—Marcos 12:31

En nuestra relación con personas ajenas a nuestra familia debemos mostrar interés por su bienestar espiritual, moral y físico. En todos nuestros tratos debemos ser respetuosos y honestos. Hay numerosos mandamientos que nos ayudan a entender cómo practicar el amor al prójimo:

"No mintáis los unos a los otros".
—Colosenses 3:9

"Soportándoos con paciencia los unos a los otros"
—Efesios 4:2

"Servíos por amor los unos a los otros"
—Gálatas 5:13

En nuestro vocabulario y en nuestra conversación no tiene cabida ninguna forma de lenguaje rudo o sucio: "Quítense de vosotros toda... ira, gritería y maledicencia" (Efesios 4:31).

"No os unáis en yugo desigual con los incrédulos".
—2 Corintios 6:14

Este es un asunto muy delicado. Cuando nuestros hijos llegan a la edad para buscar pareja, la queja más frecuente que oímos es: "No hay nadie en la iglesia que me llame la atención". Por lo general, las que tienen más problema son las mujeres. Casi siempre el número de hombres en la iglesia es menor que el de las mujeres, y con frecuencia, ellos encuentran una novia no cristiana que por interés "se convierte", disminuyendo aún más las posibilidades de las jovencitas cristianas para encontrar su pareja en la iglesia. De manera que tenemos en nuestras iglesias una cantidad considerable de señoritas que ven con desesperación cómo pasan los años sin encontrar su pareja. Ellas también pueden caer en la trampa de buscar fuera de la iglesia a su compañero.

Lamentablemente, la unión entre una cristiana y un no creyente engendra toda clase de problemas. Bien lo dice la Escritura en 2 Corintios 6:14: "¿Qué comunión [tiene] la luz con las tinieblas?". Más temprano que tarde, ella encuentra que las metas, la cultura, las convicciones de su esposo son radicalmente diferentes. Esto puede llevarla a renunciar a su fe o a resignarse a vivir un pequeño infierno el resto de su vida.

Muchas señoritas deciden mantenerse firmes y no aceptar las ofertas de afuera (que nunca faltan), para esperar al "varón de Dios" de sus sueños. Cuando tarda en llegar nunca faltan los comentarios desagradables de la gente. He oído de iglesias en las que el pastor y, por lo tanto, el resto de la gente, se solazan en señalar a las "solteronas" de la iglesia. Continuamente las acosan con preguntas como: "¿Qué pasó?, ¿Cuándo piensas casarte? ¿Todavía no encuentras a tu príncipe azul? ¿No crees que deberías ser menos exigente?". Para ellos son mujeres poco espirituales, no tienen fe, están amargadas, no encuentran pareja por su mal carácter, etc. Cuando en realidad son algunas de las mujeres más consagradas y dedicadas al servicio del Señor. Si están solteras todavía, es por su fidelidad a Cristo.

Dios nos ha puesto en este planeta para ser bendición a todos cuantos nos rodean.

Para ellas debemos tener sólo palabras de ánimo: No pierdan la esperanza. El Señor es fiel y les dará la provisión especial que ha preparado desde antes de la fundación del mundo. La iglesia debería ser para ellas el lugar en el que encuentren cariño, aceptación y respeto. Y, ¿por qué no?, la iglesia debería ser creativa para propiciar encuentros que ayuden a los jóvenes a encontrar su "media naranja".

Principios de vida

> *"No devolviendo mal por mal... sino por el contrario, bendiciendo"*
> —1 Pedro 3:9

Dios nos ha puesto en este planeta para ser bendición a todos cuantos nos rodean. Hemos sido llamados por Dios para bendecir a nuestra familia, a nuestros vecinos, a nuestros hermanos en la fe, a nuestros compañeros en la escuela o en el trabajo.

> *"Sed benignos unos con otros, misericordiosos, perdonándoos unos a otros"*.
> —Efesios 4:32

*"Tuve hambre y me disteis de comer... estuve desnudo
y me cubristeis, enfermo, y me visitasteis".*

—Mateo 25:35-36

Visitar a los enfermos y a los necesitados es una de las tareas
más sublimes que podemos llevar a cabo. A veces luchamos
en nuestra vida espiritual porque sentimos que no tenemos un
"ministerio" importante en la iglesia. Quizá hemos anhelado
ser predicadores, líderes o misioneros.

En una ocasión me pidieron que visitara a un hermano que
estaba en el hospital. Cuando llegue al lado de su cama encontré
que estaba inconsciente. Él no podía saber que yo estaba allí,
no podía escuchar mi voz, no podía recibir mis palabras de
aliento. De pronto, mientras oraba por él, sentí que el Señor
me daba una revelación de algo que es muy importante para
el corazón de Dios, algo que será considerado el argumento de
mayor peso en el juicio de las naciones: "¿Qué hemos hecho?,
¿Cómo hemos tratado a los hermanos más pequeños?".

Darle de comer al que tiene hambre, cubrir al que está desnudo, visitar al enfermo, son algunas de las cosas más importantes
que podemos hacer en esta tierra, porque Cristo considera que
cuando lo hacemos para uno de sus "chiquitos" es lo mismo
que si se lo hubiéramos hecho a Él.

Nuestros hijos deben saber en su corazón que Dios los puso
en esta tierra para ser bendición.

Convicciones

El asunto del noviazgo

Mis hijos son mi tesoro, son un regalo de Dios. Desde pequeños he jugado con ellos diciéndoles que no quiero que se casen
nunca, que no crezcan, que sean siempre unos chiquillos lindos
que deleiten el corazón de su papá.

Por supuesto que no he tenido éxito en mis intenciones. Con
el paso del tiempo he tenido que cambiar mi juego y aceptar el

hecho de que Dios tiene para ellos a alguien especial con quien se van a casar. De hecho, hemos orado juntos para que Dios entrene con mucho cuidado a esos muchachos y esa muchacha. Dondequiera que estén hemos pedido que Dios les dé padres sabios, que los entrenen para ser hombres y mujer de Dios, que sean librados de tentación, etc.

Pero les hemos enseñado que no deben ni pensar en tener un noviazgo hasta después de los 18 años. Es muy lamentable ver adolescentes enfrascados en noviazgos desde los 12 o 13 años. Y lo peor es ver a sus padres fomentando tal conducta. ¡Qué falta de entendimiento! Y qué resultados tan negativos tiene esto en la vida de los hijos.

¿Cuántos corazones heridos podríamos evitar? ¿Cuántas niñas se podrían salvar de ser madres a tan temprana edad?

Andar volando de flor en flor, disfrutando las mieles del amor, puede afectar seriamente nuestra relación con la persona más importante de nuestra vida después de Dios. Ir de novio en novio, o de novia en novia, como si fuera un deporte, como si estuviéramos coleccionando trofeos, irá acumulando una carga en nuestra memoria y en nuestro corazón de la que jamás podremos deshacernos.

Mientras más numerosas e intensas sean las relaciones, más pesada será la carga. Sin darnos cuenta podemos estar cavando la tumba de la única relación que de veras importa. ¿Por qué? Por los recuerdos que nunca podremos borrar de nuestra memoria y que nos llevarán a hacer comparaciones entre nuestra pareja y la novia "número 25" que tuvimos antes de casarnos. Muchas veces, esas comparaciones nos llenarán de sentimientos de insatisfacción, porque quizá nos gustaba más cómo nos besaba la novia "número 15".

¿Exageraciones? Pregúntale a cualquier pareja en la que ambos hayan tenido "Encuentros Cercanos del Tercer Nivel". Cuando tienen fricciones en su matrimonio (lo cual es muy común) una de las peores cosas que pueden pasar es reclamar: "Lo que pasa es que yo no te satisfago como tu novia *fulana de tal"*. Allí se acabó la confianza. Allí puede dar inicio la destrucción de ese hogar.

Es mi convicción personal que debemos enseñar a nuestros hijos a no establecer relaciones de noviazgo a menos que ya estén listos para comprometerse con una persona para toda la vida.

Relación consigo mismo

Mandamientos absolutos

"Amarás a tu prójimo como a ti mismo".
—Marcos 12:31

Es muy interesante notar que el segundo mandamiento más importante en la Biblia tiene dos componentes. Primero, el amor al prójimo. En segundo lugar, y no menos importante, debemos amarnos a nosotros mismos. En otras palabras, sólo estaremos en capacidad de amar a nuestro prójimo cuando sepamos amarnos a nosotros mismos. Si no cuidamos de nosotros mismos no podremos cuidar a otros. Si no nos respetamos a nosotros mismos no podremos respetar a otros.

Principios de vida

"Hasta que todos lleguemos... a un varón perfecto, a la medida de la estatura de la plenitud de Cristo".
—Efesios 4:13

La suprema vocación de nuestra vida es ser como Cristo. Dios nos ha colocado en su torno de alfarero y nos está transformando cada día más en la imagen de su Hijo. Esto requiere cambios en nuestra naturaleza, en nuestra forma de pensar, en nuestro carácter. Los cambios son difíciles, requieren tiempo y a veces el proceso es doloroso, pero vale la pena.

Si queremos que nuestros hijos sean como Cristo necesitamos llenar su mente de lo verdadero, honesto, justo y puro, todo el tiempo (Filipenses 4:8). No lograremos buenos resultados si permitimos que los niños llenen su mente de programación televisiva o películas saturadas de violencia y toda clase de impurezas. Necesitamos trabajar en

La suprema vocación de nuestra vida es ser como Cristo.

ellos para que el fruto del Espíritu se manifieste en sus vidas. El Nuevo Testamento nos indica de qué debemos llenarnos:

"Llenos de bondad, llenos de todo conocimiento".
—Romanos 15:14

"Llenos de toda la plenitud de Dios".
—Efesios 3:19

"Llenos del Espíritu".
—Efesios 5:18

"Llenos de frutos de justicia".
—Filipenses 1:11

"Llenos del conocimiento de su voluntad".
—Colosenses 1:9

Sólo en la medida en que llenemos de Dios la vida de nuestros hijos, podremos ver el fruto.

"Glorificad, pues, a Dios en vuestro cuerpo".
—1 Corintios 6:20

No sólo debemos enseñar a nuestros hijos a cuidar su alma. También es importante enseñarles a cuidar su cuerpo porque es el templo de Dios. Él ha escogido habitar en nuestros imperfectos "vasos de barro", por eso debemos cuidar celosamente que nuestro cuerpo se mantenga puro y saludable.

La Biblia está llena de principios de buena nutrición para nuestros cuerpos. La madre es la clave para la alimentación saludable de la familia. Los niños deben aprender a seleccionar alimentos nutritivos y a hacer ejercicio para mantenerse fuertes y saludables.

En las últimas décadas, la obesidad se ha incrementado a niveles alarmantes, constituyéndose en uno de los principales riesgos para la salud. En México, la obesidad contribuye a un número cercano a 200,000 muertes por año. En los Estados Unidos, la obesidad es la segunda causa de muerte, después del tabaquismo.

En la Encuesta Nacional de Salud de México de 1999, 52.5% de las mujeres fueron clasificadas con obesidad o sobrepeso.[3] Lo más preocupante es que este proceso ha empezado a afectar a los niños de manera alarmante. De 20 a 30 por ciento de los niños en edad escolar tienen sobrepeso y obesidad.

El problema de obesidad infantil le provoca al niño inseguridad, baja autoestima, discriminación escolar, discriminación social, fatiga fácil, probable hipertensión, probable hipercolesterolemia, estrías y así podríamos continuar con muchas otras cuestiones.[4]

Tal vez la obesidad infantil pueda deberse a una predisposición genética, pero hay muchos otros factores que la promueven:

- Los padres carecen de información adecuada acerca del valor nutritivo de los alimentos.
- El uso excesivo de alimentos "chatarra" alentada por los medios de comunicación y nuestra frecuente visita a restaurantes de comida rápida o de antojitos mexicanos.

- El uso indiscriminado de dulces y postres de alto contenido calórico para premiar o motivar al niño.
- El número de horas que los niños pasan frente a la televisión o en actividades sedentarias, acompañado por la falta de ejercicio físico.

Para ayudar a nuestros hijos a cuidar su cuerpo y evitar la obesidad debemos:

- Ser un ejemplo que ellos puedan imitar, alimentándonos sanamente y ejerciendo un control estricto de la calidad y cantidad de alimentos que ingerimos.
- Servir en la mesa solo alimentos saludables para nuestros hijos, evitando alimentos con alto contenido de azúcar, harina refinada y grasa.
- Tener siempre a la mano frutas o verduras que los niños puedan comer cuando tengan hambre.
- Enseñarlos a tomar agua natural o agua de frutas en vez de refrescos, sodas o jugos procesados.
- Motivarlos a desarrollar actividades físicas en lugar de pasarse el tiempo ante la televisión o la computadora.
- Entrenarlos en el cuidado de sus dientes y piel. Es muy común ver niños y en especial adolescentes con una dentadura descuidada y una piel saturada de grasa.
- Que el lavado de manos sea una constante, me sorprende ver cuántos niños van a la mesa sin lavarse las manos después de jugar o andar con la mascota del hogar.

Hacer todo con excelencia
"Hacedlo de corazón, como para el Señor" (Colosenses 3:23).
Todo lo que hagamos debemos hacerlo como si fuera para Cristo. Nuestra actitud cambiaría radicalmente si supiéramos

que el trabajo que estamos haciendo es para el Rey de reyes. ¿Cómo actuaría el ama de casa si supiera que es Cristo el que va a llegar a cenar a la casa esta noche? ¿Cómo llevaría a cabo sus tareas el empleado si supiera que su supervisor es el Señor y que está a punto de llegar para inspeccionar su trabajo? Si tenemos esta actitud haremos todo con excelencia. No debemos conformarnos con menos. Hagamos lo que hagamos debemos dar lo mejor de nosotros para hacerlo con la máxima calidad posible.

Después de terminar la escuela secundaria, mis padres hicieron un gran esfuerzo para enviarme a estudiar a la ciudad de México. El cambio fue muy difícil. Por más que trataba de estudiar y entender las clases, parecía imposible. Mis calificaciones al final de primer semestre eran lamentables. Desilusionado fui a buscar a un pastor que conocía en la ciudad y le dije: "Hermano, soy un fracaso en la escuela. Estoy convencido de que Dios quiere que me dedique al ministerio. Tengo unos amigos que están preparándose para servir a Dios en una escuela bíblica. Eso es lo que yo quiero hacer". Moisés era un pastor muy joven, pero estaba lleno de la sabiduría del Señor y me dijo: "Dios no está buscando fracasados para que se dediquen al ministerio. Si realmente quieres servir al Señor, regresa a la escuela y saca bien todas tus materias. Cuando me traigas tu diploma podemos volver a hablar acerca de tu llamado al ministerio".

Este consejo cambió el curso de mi vida. Realmente Dios no está buscando fracasados. Él quiere que todo lo que hagamos, lo hagamos con excelencia. Estudiar, trabajar, predicar, cocinar, en todo podemos encontrar la manera de ser excelentes. De hecho, cuando un joven pasa con excelencia por el entrenamiento riguroso que se requiere para convertirse en un ingeniero o en un doctor, generalmente estará mejor capacitado para servir a Dios y para ser un mejor ciudadano y un mejor padre.

Después de tres años, mis calificaciones habían incluyeron en subido tanto que me la lista de los veinte mejores alumnos de la escuela y luego proseguí mis estudios de ingeniería. También tuve el privilegio de servir durante casi treinta años en el equipo ministerial de esa amada iglesia.

Realmente Dios no está buscando fracasados. Él quiere que todo lo que hagamos, lo hagamos con excelencia.

Convicciones

Nuestros hijos enfrentan dos clases de males cuando se ven a sí mismos en el espejo: "Pensar que son más de lo que realmente son y pensar que son menos de lo que realmente son". Necesitamos ayudarlos a tener una opinión equilibrada de sí mismos.

La Escritura nos enseña que nadie "tenga más alto concepto de sí que el que debe tener, sino que piense de sí con cordura" (Romanos 12:3).

A algunos hay que enseñarles que Dios no soporta los ojos altaneros ni el corazón vanidoso. Estos son los que caminan como pavo real y creen que todo el mundo nació para servirlos y cumplir sus caprichos. Actúan como si fueran el príncipe heredero de la corona española. Ellos necesitan aprender cordura y humildad.

Otros tienen un concepto negativo de sí mismos. Su propia familia puede haber contribuido a crear este sentimiento, aunque con mayor frecuencia son las experiencias negativas que le ocurren fuera del hogar las que lo causan. Los compañeros en la escuela o en la iglesia pueden ser muy crueles. Sus palabras y sus acciones pueden herir profundamente a nuestros hijos y causar que se vean a sí mismos como un fracaso de la naturaleza. Ellos necesitan nuestras palabras de ánimo. Necesitan saber lo mucho que los amamos y lo mucho que valen para nosotros y para Dios.

El propósito de su vida

Mandamientos absolutos

"Entonces dijo Dios: Hagamos al hombre a nuestra imagen, conforme a nuestra semejanza; y señoree en los peces del mar, en las aves de los cielos, en las bestias, en toda la tierra, y en todo animal que se arrastra sobre la tierra. Y creó Dios al hombre a su imagen, a imagen de Dios lo creó; varón y hembra los creó. Y los bendijo Dios, y les dijo: Fructificad y multiplicaos; llenad la tierra, y sojuzgadla, y señoread en los peces del mar, en las aves de los cielos, y en todas las bestias que se mueven sobre la tierra".

—Génesis 1:26-28

La razón principal para tener hijos es criar portadores de la imagen divina.

¿Cuál era el propósito de Dios cuando ordenó: "Multiplicaos y llenad la tierra"?

Dios quería que el hombre tuviera hijos, muchos hijos y que estos hijos llenaran cada rincón de este planeta. ¿Para qué?

Dios creó al hombre a su imagen, los hijos del hombre serían portadores de esa misma imagen. Cuando la tierra estuviera llena de sus descendientes, todo el planeta estaría lleno de la belleza, la paz y el amor de Dios.

La razón principal para tener hijos es criar portadores de la imagen divina. Hijos brillantes, activos, motivados y entrenados para llevar la antorcha de la auténtica cristiandad.

Ser padres es el más grande reto espiritual que se puede enfrentar, digno de los mejores esfuerzos, de las oraciones más fervientes y las más grandes inversiones de tiempo y recursos. Los verdaderos seguidores de Jesús no tienen hijos sólo para tener compañía o para tener a alguien a quien dejarle la herencia o alguien que preserve el nombre de la familia. No tienen hijos sólo para tener alguien con quien jugar ni para eludir la soledad. No tienen hijos por accidente, sin querer.

Un padre cristiano sabio entiende que la paternidad es una oportunidad de invertir en la vida de un niño, para aprovechar todo el potencial que Dios ha puesto en cada hijo e hija. Esto hace que se desarrolle en ellos el carácter y la visión para que lleguen a ser algún día una manifestación irresistible de la gracia de Dios en este mundo. Y también para que ellos puedan hacer una diferencia en su entorno mediante el ejercicio de los dones y talentos que Dios les dio. Ese es el mandato divino. Esa es nuestra motivación. Ese es nuestro reto.

A veces le preguntamos a nuestros hijos e hijas: ¿Qué es lo que quieres ser cuando seas grande? Y ellos nos contestan: "Yo quiero ser bombero... doctor... o jugador de fútbol". Y ellas nos contestan: "Yo quiero ser enfermera... bióloga... o cantante cristiana".

En oportunidades los padres ocupamos el lugar de simple espectador y dejamos que ellos elijan su profesión de acuerdo a sus propios deseos o de acuerdo a las influencias que reciben en la escuela y en la sociedad.

¿Qué es lo que nuestros hijos deben ser? ¿Qué profesión u oficio deben ejercer?

No debemos ser simples espectadores. Debemos guiar a nuestros hijos en la elección de su profesión u oficio, teniendo siempre en cuenta que Dios los ha creado para:

- Ser portadores de la imagen divina
- Ser adoradores de Dios en todo lo que son y en todo lo que hacen

- Ser siervos de Dios, servir a su familia, a su iglesia y a su comunidad

Dios tiene un llamado para cada uno de nuestros hijos. Nuestra meta no es preparar abogados o diseñadoras. Nuestra meta es preparar a nuestros hijos para ser siervos de Dios. Esto no significa necesariamente que todos nuestros hijos vayan a tener un ministerio en la iglesia, pero significa que cualquiera que sea su ocupación, el propósito principal de su vida debe ser servir y dar gloria a Dios, ya sea como misioneros o como doctores, como amas de casa o como abogadas.

Desde pequeños, todos nuestros hijos han manifestado su anhelo de servir a Dios cuando sean mayores. Nuestra hija Cesia ha soñado con ser misionera en África. Ella entiende que eso puede ser algo peligroso, que su vida puede estar en riesgo, pero dice que no tiene miedo de morir porque entonces se iría al cielo con el Señor. Cesia tiene apenas 12 años, no sabemos qué es lo que Dios tiene preparado para ella, pero sabemos que es una niña que ama a Dios y anhela servirlo. Estamos seguros de que Dios la guiará de acuerdo al plan perfecto de su buena voluntad.

Principios de vida

"Mas entre vosotros no será así, sino que el que quiera hacerse grande entre vosotros será vuestro servidor".
—Mateo 20:26

"Y todo lo que hagáis, hacedlo de corazón, como para el Señor y no para los hombres; sabiendo que del Señor recibiréis la recompensa de la herencia, porque a Cristo el Señor servís".
—Colosenses 3:23, 24

"...os ruego que andéis como es digno de la vocación con que fuisteis llamados, con toda humildad y mansedumbre".

—Efesios 4:1, 2

Necesitamos criar hijos que tengan corazón de siervos. Idóneos para servir, competentes, capaces, equipados. La verdadera educación consiste en prepararlos para servir a sus semejantes. El mundo nos induce a preparar a nuestros hijos para que sean los líderes del mañana. Ejecutivos de alguna grande empresa. Jefes con mucha gente a sus órdenes. Las mejores universidades crean jóvenes que salen listos para conquistar al mundo. Estos recién graduados no tienen madurez, ni siquiera tienen todos los conocimientos que creen tener, pero salen con actitud arrogante, altiva.

Cristo nos enseña el verdadero camino a la grandeza. El que quiere ser grande debe ser el servidor de todos. Debe servir con buena actitud en su corazón, haciendo todo como para el Señor. Debe servir con humildad y mansedumbre.

Aprovecha todas las oportunidades que tengas para enseñarle a tus hijos a servir a otros. Visiten juntos un orfanatorio, llevando alimentos para los niños y dedicando algunas horas para jugar con ellos. Anima a tus hijos a regalar de su dinero, sus juguetes o sus libros.

> Cristo nos enseña el verdadero camino a la grandeza. El que quiere ser grande debe ser el servidor de todos.

Cuando los niños crecen pueden involucrarse en actividades de evangelismo en colonias pobres de la propia ciudad, o en viajes misioneros a regiones remotas.

Consideremos el ejemplo de Rebeca:

Cuando Eliezer, el criado de Abraham, llegó a Mesopotamia en busca de esposa para Isaac, se detuvo antes de entrar a la ciudad junto al pozo a la hora en que las doncellas salían por agua. Mientras oraba pidiendo una señal para reconocer a la doncella elegida por Dios, Rebeca llegó, llenó su cántaro y se volvía a su casa. Eliezer corrió hacia ella y le dijo: "Te ruego que me des a beber un poco de agua de tu cántaro".

¿Cuál sería la respuesta de una muchachita moderna? "Lo siento, tengo mucha prisa". O quizá: "Discúlpeme, pero no puedo hablar con desconocidos". O tal vez: "¡Qué le pasa, saque usted su propia agua para beber!". Quizás: "¿Yo? ¿Por qué? No soy su criada".

Tal vez alguna Becky moderna le hubiera dado una mirada de "¿Qué te pasa?" y hubiera seguido su camino.

Rebeca le contestó: "Bebe, señor mío". Y cuando acabó de darle de beber, le dijo: "También para tus camellos sacaré agua, hasta que acaben de beber". Se dio prisa y vació su cántaro en la pila, y corrió y sacó más agua del pozo hasta que todos los camellos terminaron de beber. ¡Y eran diez camellos! Un camello adulto puede tomar 100 litros de agua en diez minutos. Esto significa que Rebeca tuvo que sacar probablemente 1000 litros de agua, es decir 50 cántaros. Se necesita un corazón de sierva para hacer algo así. Y para hacerlo con humildad y mansedumbre.

Convicciones

Aunque no estoy en contra de que las mujeres estudien carreras universitarias, considero que muchas han perdido en ese proceso el verdadero sentido de su llamado y del propósito de Dios para su vida. Por supuesto que necesitamos muchas doctoras, maestras y traductoras, etc. Pero más necesitamos mujeres que entiendan el plan de Dios para su vida:

- Ser mujer es un honor no algo de que avergonzarse o sentirse menos.

- Ser madre es un privilegio y un alto llamado de Dios. Tener hijos y criarlos de acuerdo al corazón de Dios es una de las ocupaciones más sublimes que Dios ha diseñado para la mujer.
- Ser "ama de casa" es un oficio de gran importancia y dignidad. Nunca debemos aceptar el estatus de menosprecio con que el mundo lo ve.
- Ser una mujer de oración es un ministerio de alta estima a los ojos de Dios. Como Lety Caballero siempre dice cuando habla a las jóvenes de la iglesia: "Tu ministerio se encuentra en tus rodillas, cuando llegues a casarte y notes flaquezas en tu marido, antes de decírselas a él, ve a tus rodillas y pide la intervención divina".

Es mi convicción que una hija debe estudiar y entrenarse para ser una mujer en el pleno sentido de la palabra. Debe aprender las artes femeninas: cocinar, coser, tocar instrumentos, aprender idiomas, pintar, fabricación de artesanías, etc. Si Dios la llama al campo misionero, estos conocimientos le serán de utilidad. Si Dios le da hijos, le servirán también. Si Dios la llama a la soltería, o si queda viuda, tendrá forma de subsistir. Si además, Dios le permite estudiar una carrera universitaria, ¡adelante!, pero nunca permitas que tu hija pierda la visión.

El trabajo

Mandamientos bíblicos

"Porque vosotros mismos sabéis de qué manera debéis imitarnos; pues nosotros no anduvimos desordenadamente entre vosotros, ni comimos de balde el pan de nadie, sino que trabajamos con afán y fatiga día y noche,

para no ser gravosos a ninguno de vosotros; no porque no tuviésemos derecho, sino por daros nosotros mismos un ejemplo para que nos imitaseis. Porque también cuando estábamos con vosotros, os ordenábamos esto: Si alguno no quiere trabajar, tampoco coma. Porque oímos que algunos de entre vosotros andan desordenadamente, no trabajando en nada, sino entremetiéndose en lo ajeno. A los tales mandamos y exhortamos por nuestro Señor Jesucristo, que trabajando sosegadamente, coman su propio pan".

—2 Tesalonicenses 3:7-12

Trabajar significa "fatigarse con esfuerzo, aplicar esfuerzo, labrar, obrar, poner en práctica". El trabajo es una provisión y bendición de Dios con remuneración. Dios se lo dio al hombre antes de la caída. Génesis 3:19, "con el sudor de tu rostro comerás...", no es la primera mención del trabajo, y aunque muchos lo dicen, el trabajo no es una maldición.

La Biblia nos enseña que el trabajo tiene múltiples propósitos de bendición para nuestra vida. A través de nuestro trabajo podemos:

- Motivar a los que nos rodean a glorificar a Dios — Mateo 5:16
- Ser siervos de Cristo — Efesios 6:5-8
- Recibir la provisión de Dios para nuestro hogar. Esta es la principal manera en que Dios suple nuestras necesidades — 1 Tesalonicenses 4:11-12.
- Ayudar a los necesitados, sabiendo que es mejor dar que recibir — Hechos 20:33-35; Efesios 4:28
- Dar para la obra de Dios — 1 Corintios 16:2; 2 Corintios 9:7, 10.

Un dicho judío reza: "El que no enseña un oficio a sus hijos, está criando ladrones". Debemos enseñar a nuestros hijos a trabajar desde pequeños. La orden de la Escritura es: "Si alguno no quiere trabajar, tampoco coma ".

En la actualidad muchos buscan la manera de no trabajar o, por lo menos, buscan un trabajo en el que se gane mucho con el mínimo esfuerzo posible. Lo importante es ganar mucho dinero no importa cómo.

Ese es el caso de muchos políticos mexicanos. Siempre hemos sospechado que existían altos niveles de corrupción entre nuestros gobernantes, hemos visto a muchos de ellos vivir como reyes en un país donde la mayoría vive en la miseria. Pero fue hasta el mes de marzo de 2004 cuando pudimos ser testigos del "cochinero" en que se ha convertido la política a través de varios vídeos que han salido a la luz:

Jorge Emilio González Martínez, dirigente del Partido Verde Ecologista de México, fue grabado ofreciendo tramitar los permisos necesarios para un proyecto turístico en Cancún, en el video se le oyó decir: "...sacamos el permiso, ¿y cuánto nos va a tocar, dos millones de dólares?". El joven senador de la república tenía apenas 32 años de edad y estaba acostumbrado a vivir en la opulencia gracias al presupuesto multimillonario que le provee el gobierno. Ahora ha tenido que pedir licencia y enfrenta una denuncia penal por fraude y actos de corrupción.

El secretario de finanzas del gobierno del Distrito Federal, Gustavo Ponce, apareció en un video apostando fuertes sumas de dinero en la zona VIP del casino del Hotel Bellagio de Las Vegas, en donde gastó más de 30,000.00 dólares tan sólo en propinas en tres visitas en el curso de dos meses. Ponce fue cesado y es buscado por la policía por un fraude de por lo menos 31 millones de pesos. Al parecer Ponce autorizaba pagos millonarios por obras para la ciudad que nunca se llevaban a cabo.

René Bejarano apareció en un video recibiendo de manos del empresario argentino Carlos Ahumada

$45,000 dólares en efectivo como "donativo" para apoyar las campañas políticas del PRD, a cambio de interceder por el empresario ante el Jefe de gobierno de la ciudad de México. Ahumada habría estado relacionado con diversos gobernantes de extracción perredista en varias entidades, de quienes habría recibido múltiples contratos para llevar a cabo obras por cientos de millones de pesos. En el transcurso, Ahumada también habría comprado dos equipos profesionales de fútbol, un avión particular y un periódico de circulación nacional. Hubo otras entregas similares que sumaron más de 6,000,000 de pesos. Bejarano era coordinador de la mayoría perredista de la Asamblea Legislativa del Distrito Federal y colaborador cercano del Jefe de gobierno. Luego del escándalo, Bejarano se vio obligado a pedir licencia en la Asamblea en tanto que su partido canceló sus derechos como miembro. Probablemente las aspiraciones presidenciales del Jefe de gobierno se queden truncadas a causa de su relación con Bejarano.

> **Cuando nuestros hijos no entienden el verdadero valor del trabajo y del dinero, pueden caer en graves problemas en su vida.**

La corrupción es, en mi opinión, el principal de los males que aquejan a México. No sólo se da en las altas esferas, es un cáncer que ha invadido todos los niveles de la sociedad mexicana. Desde el niño que copia durante sus exámenes en la escuela y el comerciante que vende kilos de 800 gramos y tiene doble libro de contabilidad, y el fabricante de joyería que quinta en 14 quilates mercancía de 10, hasta el pastor que no declara ante al fisco los ingresos verdaderos que recibe en la caja de las ofrendas.

El problema tiene su origen en el hogar. No estamos enseñando a nuestros hijos a apreciar el trabajo, el trabajo honesto, el trabajo que agota, pero que nos da satisfacción. No les hemos enseñado que pueden encontrar plena satisfacción en el trabajo fructífero y que la felicidad no reside en las riquezas. Que el amor al dinero es la raíz de todos los males. Cuando nuestros hijos no entienden el verdadero valor del trabajo y del dinero, pueden caer en graves problemas en su vida.

El valor del dinero y del trabajo

Laura Ingalls Wilder escribió una serie de libros en los que cuenta la historia de su vida en las praderas de los Estados Unidos entre 1870 y 1890. Luego estos libros se convirtieron en una serie muy popular de programas de televisión. Uno de sus escritos está dedicado a Almanzo, con quien se casaría años después. Una de las experiencias de Almanzo tiene que ver con la importancia del trabajo y el verdadero valor del dinero.[5]

Era el Día de la Independencia. Todos se habían vestido con sus ropas domingueras para ir al pueblo a celebrar. Había música y discursos patrióticos. La banda militar desfilaba por la calle principal seguida de montones de niños alborotados. Había puestos en donde se podía comprar comestibles, pero el que más atraía a los niños era el que vendía limonada bien fría. Un vaso de limonada costaba cinco centavos de dólar. Otros niños tenían dinero para comprarla, pero Almanzo nunca había tenido tanto dinero junto. Lo único que había tenido era la moneda de 1 centavo que su padre le daba el domingo para depositar en la ofrenda de la iglesia.

Los niños se burlaban de él porque no tenía dinero para comprar una limonada y, de seguro, le decían, su padre no se lo daría.

Almanzo caminó lentamente hasta donde estaba su padre, nunca había hecho algo así, y tenía miedo de que su padre no le diera nada. Esperó hasta que su padre dejara de hablar y se quedó mirándolo.

—¿Qué pasa, hijo? —preguntó el papá.

Almanzo tenía miedo.

—Papá —dijo.

—Dime, hijo.

—Papá —volvió a decir Almanzo—, ¿me darías... podrías darme... cinco centavos?

Se quedó parado esperando mientras su padre lo miraba y deseando poder irse de allí. Finalmente el papá preguntó:

—¿Para qué los quieres?

Almanzo se quedó mirando sus mocasines mientras murmuraba:

—Los niños tienen dinero y se compraron una limonada.

Papá lo miró fijamente por largo tiempo. Luego sacó su cartera y lentamente sacó una gran moneda de medio dólar. Entonces le preguntó:

—Almazo, ¿sabes que es esto?

—Medio dólar —contestó Almanzo.

—Sí, pero ¿sabes lo que es medio dólar?

Almanzo no sabía más que era medio dólar.

—Es trabajo, hijo, —dijo papá— eso es lo que es el dinero; es trabajo duro.

—¿Sabes cómo sembrar papas, Almanzo?

—Sí—dijo Almanzo.

—Digamos que tú tienes una papa para sembrar en la primavera, ¿qué haces con ella?

—Las cortas en pedazos —dijo Almanzo.

—Continúa, hijo.

—Luego abonas la tierra, la aras y la rastrillas. Después marcas el terreno y siembras las papas. Después hay que arar otra vez y hay que limpiar con el azadón. Esto se hace dos veces.

—Muy bien hijo, ¿qué sigue?

—Finalmente las desentierras y las guardas en el sótano.

—Sí. Las seleccionas, tirando las que son muy pequeñas y las que se echan a perder, y las almacenas durante el invierno. Cuando vuelve a llegar la primavera las cargas y las llevas al pueblo para venderlas. Y si te pagan bien, hijo, ¿cuánto recibes para compensar todo ese duro trabajo? ¿Cuánto te pagan por un costal de papas?

—Medio dólar —dijo Almanzo.

—Sí —dijo papá.— Eso es lo que vale este medio dólar, Almanzo. El trabajo que se requirió para cosechar un costal de papas está allí.

Almanzo miró la moneda redonda que papá tenía en la mano. Se veía pequeña en comparación con todo ese trabajo.

—Tómalo, Almanzo, es para ti —dijo papá. Almanzo casi no lo podía creer. Papá le había dado una pesada moneda de medio dólar.

—Es tuya —dijo papá—. Te puedes comprar un cerdito para criarlo, si quieres. Podrías después tener una camada de cerditos y podrías venderlos en varios dólares. O también, puedes comprar limonada y tomártela. Haz lo que tú quieras, es tu dinero.

Cuando los niños vieron la moneda de medio dólar se quedaron asombrados y querían saber en qué se la iba a gastar.

Almanzo la guardó y dijo:

—Voy a ver si encuentro un cerdito que pueda comprar para criarlo.

Principios de vida

"Y que procuréis tener tranquilidad, y ocuparos en vuestros negocios, y trabajar con vuestras manos de la manera que os hemos mandado, a fin de que os conduzcáis honradamente para con los de afuera, y no tengáis necesidad de nada".

—1 Tesalonicenses 4:11, 12

Debemos trabajar sosegadamente... con reposo. Tener tranquilidad... y trabajar. Es el balance correcto. No trabajar en exceso... no reposar en exceso. El exceso de trabajo, la adicción al trabajo es el principal enemigo del matrimonio y es la principal causa de fracaso en la educación de los hijos.

Cuántos hijos han oído decir a su padre: "Me encantaría pasar tiempo contigo, pero ahorita no puedo". Siempre tenemos tantas cosas qué hacer: Trabajo, actividades de la iglesia, compras, mantenimiento del auto, preparar la comida, hacer la tarea, tomar clases o ir a hacer deporte. Son tantas que olvidamos la más importante: Dios nos ha encargado el cuidado de la vida espiritual y el desarrollo de nuestra familia de acuerdo a su plan.

> **El exceso de actividad es señal de padres que no saben administrar sabiamente su tiempo o que no tienen las prioridades correctas.**

El exceso de actividad es señal de padres que no saben administrar sabiamente su tiempo o que no tienen las prioridades correctas. Debemos aprender a decir ¡No! a actividades que no son necesarias, aun cuando sean buenas.

Muchos sacrifican a su familia en el altar del exceso de trabajo, y aún piensan que le están haciendo un favor. Están tan ocupados formando un patrimonio para sus hijos que prácticamente pierden todo contacto con ellos. Los años pasan rápidamente y los hijos crecen y se van, sin que apenas nos demos cuenta. Prácticamente es como si hubieran crecido como huérfanos, papá nunca tuvo tiempo para ellos. Siempre estaba muy ocupado o estaba muy cansado.

Mi amigo Luis Alberto se dio cuenta a tiempo. Cuando su primera hija era pequeña él estaba luchando para consolidar su negocio, pasaba mucho tiempo viajando y casi no podía estar con ella. Un día Dios habló a su corazón y le hizo ver el daño que le estaba haciendo a su hija. Entonces escribió esta canción:

Qué difícil

Qué difícil es pedir perdón a un hijo,
Qué difícil es entender que lo que hiciste ayer no estaba bien,
Que perdí el tiempo en tonterías sin valor
Y aunque hice cosas que importaban para mí,
Debiste ser más importante tú.
Qué difícil es enderezar el camino
Cuando ya las huellas se han marcado
Y al andar formaron un ayer,
Cuando me ganó la inmadurez y te hice daño
Y tardé tanto en comprender
Que estar contigo es lo que tiene más valor.
Perdóname si te hizo falta mi presencia
Cuando llegó la enfermedad y yo no estuve ahí,
Cuando esperabas que llegara a tu cumpleaños.
Perdóname cuando me hablabas
Y yo no te escuché.
Tú sabes más que nadie lo que significas para mí
Y que un día Dios tocó mi corazón, todo cambió,
Mas fue su gracia la que transformó mi vida.
No es que hoy yo sea perfecto,
Mas me perfecciono en él.
Y hoy espero solamente una cosa,
Que nunca te separes del camino de mi Dios,
Pues solamente así podré estar seguro que hice bien,
Que enderecé mi senda a tiempo
Y que te irá muy bien.

Hoy, Milenita y sus hermanos forman parte de una bella familia llena de amor y bendición.

"Los pensamientos del diligente ciertamente tienden a la abundancia; mas todo el que se apresura alocadamente, de cierto va a la pobreza".

—Proverbios 21:5

He tenido el privilegio de conocer y ser inspirado por el ejemplo de mucha gente diligente:

Eleazar era un estudiante cuando empezó a trabajar como barrendero en la compañía Nestlé. Con mucho esfuerzo se graduó como ingeniero mecánico y poco a poco fue ascendiendo hasta que llegó a ocupar una de las presidencias de la empresa transnacional.

Liz es una mujer que siempre tiene una sonrisa en sus labios y que cada año se va de viaje con sus amigas a alguna playa mexicana, a Canadá o España. Pero no siempre fue así. Se casó muy joven y tuvo tres hijos con un buen hombre que le dio todo lo que necesitaba y más. Pero cuando él murió sorpresivamente a causa de un accidente, la familia de él dejó a Liz y a sus hijos en la calle. Le quitaron todo. Ella tuvo que trabajar en casas para sostener a su familia. Trabajando y ahorrando logró que sus hijos estudiaran y se graduaran, también logró comprar un terreno y construir una casa. Hoy esta diligente mujer tiene muchas razones para sonreír.

El diligente va hacia la abundancia, delante de los reyes estará. El diligente piensa cómo hacer más y cómo hacerlo mejor. Es creativo, inventa soluciones, nunca se le acaba la imaginación.

Convicciones

Es mejor comer frijoles con un salario ganado honestamente que manjares con el fruto del engaño y la deshonestidad. El que camina en integridad, el hombre de verdad, es el que logra la verdadera prosperidad. En México vemos con frecuencia que hay mucha falta de integridad en los artesanos: plomeros, carpinteros, joyeros, etc. Muchos de ellos engañan a sus clientes para aumentar su ganancia.

Debemos aprender a usar los recursos disponibles con responsabilidad. Si usamos bien los recursos limitados, recibiremos más. Si usamos mal lo que tenemos, se nos quitará. Hay muchas maneras en que podemos malgastar los recursos que Dios nos da:

Debemos aprender a usar los recursos disponibles con responsabilidad.

Contraer deudas, comprar con la tarjeta de crédito o comprar en abonos pueden arruinar nuestra economía. El sobreprecio y el pago de intereses pueden ahorcarnos. Las deudas nos esclavizan.

Ceder al impulso de comprar. No te rindas ante la insistencia de un vendedor. No decidas en el momento, si pospones la decisión de compra seguramente te darás cuenta que no necesitas comprar. Compara precios, generalmente podrás lograr ahorros considerables. "Los bienes que se adquieren deprisa al principio, no serán al final bendecidos" (Proverbios 20:21). No gastes tu dinero aprisa, no hagas negocios de apuro.

Descuido en el manejo del dinero. Cuando llegas al fin de la quincena te preguntas: ¿Adónde se fue el dinero? Eso significa que te hace falta hacer un presupuesto. Falta planeación. Si quieres manejar adecuadamente tus recursos, no preguntes a dónde se fue el dinero, dile a donde debe ir.

Descuido en el uso de los recursos. *"Pasé junto al campo del hombre perezoso, y junto a la viña del hombre falto de entendimiento; y he aquí que por toda ella habían crecido los espinos, ortigas habían ya cubierto su faz, y su cerca de piedra estaba ya destruida. Miré, y lo puse en mi corazón; lo vi, y tomé consejo. Un poco de sueño, cabeceando otro poco, poniendo mano sobre mano otro poco para dormir; así vendrá como caminante tu necesidad, y tu pobreza como hombre armado"* (Proverbios 24:30-34). Mira en la casa del perezoso y del falto de entendimiento. Los niños destruyen los juguetes, los libros, y desperdician la comida. Los mayores desperdician el agua, la luz, la gasolina. Cuida tu casa y tu coche. Enseña a tus hijos a cuidar su ropa y sus zapatos.

CAPÍTULO 7

REGLAMENTOS, CRITERIOS Y AMOR

Afin de tener un ejemplo práctico de lo que puede ser un reglamento para el hogar, incluiremos un modelo que toma como base las reglas que aplicaba Susana Wesley en su casa[1]:

- Ninguna conducta inadecuada —tal como la mentira, la desobediencia, riñas entre hermanos o portarse mal en la iglesia—se pasa por alto sin disciplina.
- Ningún niño puede ser regañado o castigado dos veces por la misma falta. Si corrige su comportamiento, nunca más se habla del asunto.
- Cuando se confronta a un niño por una maldad de la cual es culpable, si él la confiesa y promete no hacerlo más, no recibe castigo (Los niños dicen mentiras por miedo al castigo y por cobardía).
- Cada acto destacado de obediencia, especialmente si se trata de algo contrario a sus propias inclinaciones, debe ser reconocido.
- Si un niño hace algo con la intención de obedecer y agradar, aunque no lo haga bien, debe ser aceptado con bondad. Se le debe enseñar con paciencia cómo hacerlo mejor la próxima vez.
- Los derechos de propiedad de cada uno deben ser respetados, incluso en las cosas más pequeñas. No se permite quitar nada del dueño sin, y mucho menos en contra de, su consentimiento.
- Las promesas se deben cumplir estrictamente. Un regalo, una vez dado, no puede ser recuperado.

Otras opciones, o variaciones, que se pueden incluir en nuestro reglamento son:

- Se requiere de los hijos obediencia inmediata sin murmuración. La primera vez que se da una orden debe ser obedecida.

- Toda falta de respeto a los padres amerita la aplicación de disciplina.
- Los hijos deben hablar siempre la verdad y deben conducirse con honestidad en todos sus asuntos.
- Los hijos deben cumplir cada día con los deberes que les corresponden en el hogar, la escuela y el trabajo. No dejar para mañana lo que se debe hacer hoy.
- Los hijos y las hijas deben mostrar en todo tiempo un respeto sano y apropiado hacia el sexo opuesto, absteniéndose de todo lo que promueve la impureza sexual.
- Los hijos deben respetar los horarios establecidos en el hogar para: levantarse, comer, trabajar, llegar a casa, etc.
- Los hijos deben ser agradecidos.

Criterios importantes al establecer los límites

Hace varios años era muy común oír hablar acerca del choque entre las generaciones. Los hogares estaban llenos de conflictos entre padres e hijos. Las discusiones eran feroces, era una batalla campal. Hoy prácticamente ya no se escucha hablar del asunto. ¿Por qué? Hoy los padres ponen menos reglas, son más permisivos. En realidad dejan que sus hijos hagan lo que quieran. Eso es lo moderno.

Germán Dehesa, un reconocido editorialista del diario *Reforma*, dijo durante la presentación de su libro *No basta ser padres*: "Una buena receta para todo padre de familia que se jacte de ser 'alivianado'[2] es no estorbarle a sus vástagos, ya que estos finalmente terminan haciendo lo que se les da su gana".

Al hablar de su visión de padre moderno y antiimpositivo, afirmó: "Siempre he dicho que para educar hay que estorbar lo menos posible, pues es una necedad estar como estatua que quiere imponer a los hijos el rumbo, siendo que ellos, por

Es muy importante establecer límites en el hogar, hacerlo oportunamente, antes de que venga la prueba.

ejemplo, van a comer, pensar y vestir como les dé su regalada gana".

Esa era también la filosofía del sacerdote Elí. Dehesa no descubrió nada nuevo, esta receta para el desastre en el hogar ya estaba debidamente documentada hace más de 3000 años.

Es muy importante establecer límites en el hogar, hacerlo oportunamente, antes de que venga la prueba. Necesitamos darles a nuestros hijos una brújula que los ayude a encontrar el camino correcto en su vida. De esa manera estarán listos para resistir las presiones que van a enfrentar tarde o temprano.

Al establecer límites en el hogar debemos tomar en cuenta algunos criterios fundamentales:

La falta de límites es señal de abandono

Cuando no ponemos límites en el hogar, nuestros hijos lo interpretan de una manera muy particular: "No les importo, les da lo mismo si me porto bien o mal". Los niños se sienten abandonados.

La falta de límites es señal de falta de autoridad

Al no poner límites les mandamos varios mensajes a nuestros hijos: "Papá no tiene la fuerza moral para imponer orden en el hogar"; "Papá no tiene la capacidad ni el deseo de ser cabeza en nuestra familia".

Siempre hace falta una autoridad en el hogar. Alguien tiene que definir lo que es aceptable y lo que no se permite. Alguien tiene que tomar las decisiones.

Cuando el padre renuncia a su privilegio, la madre tiene que tomar la iniciativa. Eso no es sano. Pone en la mujer una carga que no debe llevar. A veces no hay alternativa, pero no es lo deseable.

Cuando las cosas llegan al extremo, los hijos perciben el vacío de autoridad y empiezan a tomar sus propias decisiones sin tomar en cuenta a sus padres. El caos ya comenzó.

Los límites sin un ejemplo a seguir no sirven

Tratar de imponer límites sin dar el ejemplo es simple autoritarismo que nuestros hijos rechazarán. No tiene remedio.

No podemos pedirle a nuestros hijos que sean puntuales para levantarse si a nosotros se nos "pegan las cobijas" un día sí y el otro también. No podemos exigirles a nuestros hijos que sean amables si nosotros nos comportamos como toros de lidia, agrediendo física y verbalmente a cuantos se pongan enfrente. Nuestros hijos crecerán llenos de amargura y resentimiento.

Los límites sin enseñanza y entrenamiento no logran su objetivo

No servirá de mucho establecer reglas en el hogar si no nos damos el tiempo para enseñar y entrenar con paciencia a nuestros hijos. El proceso de aprendizaje de los niños es lento, no es automático. Ellos necesitan recibir la misma lección una y otra vez hasta que la asimilan. Si queremos ver nuestros esfuerzos coronados con el éxito debemos perseverar con paciencia.

Cuando Ruth, nuestra primera hija, tenía cinco años ya era una consumada competidora de carreras... de triciclo. Pero cuando le regalamos una bicicleta, no se sentía capaz de usarla sin las ruedas laterales de entrenamiento, le daba pánico. Varias veces fuimos al parque para andar en bicicleta sin que lograra mantener el equilibrio cuando le quitábamos las ruedas laterales.

Un día fuimos decididos a triunfar. Quitamos las ruedas laterales y yo corría a su lado sosteniendo la bicicleta mientras ella pedaleaba con temor e intentaba mantener el equilibrio cuando la soltaba momentáneamente. "No me dejes, no sueltes la bicicleta", imploraba ella. Yo ya casi perdía el aliento cuando de pronto ella dijo: "Ya papá, suéltame". Y empezó a avanzar sola, en perfecto control de la bicicleta. Fue un momento inolvidable.

¿Qué habría pasado si después de los primeros dos intentos yo le hubiera dicho: "Hija, definitivamente tú no naciste para ciclista, tu destino es ser peatona el resto de tus días?". Le habría robado uno de los deleites de la vida. Andar en bicicleta por la tarde de un día de verano sintiendo la brisa fresca en el rostro es uno de los placeres más bellos que existen. También le habría robado el placer del éxito, saber que ella podía vencer sus temores, saber que tenía la capacidad para aprender algo que parecía tan difícil. El objetivo del establecimiento de límites sólo se cumplirá cuando perseveremos en enseñar y entrenar a nuestros hijos.

Los límites sin consecuencias no funcionan

Si permitimos que las reglas se rompan sin consecuencias para el infractor, pierden todo su valor. Los pequeños deben recibir un dolor físico, los mayores deben perder privilegios.

Por ejemplo, cuando los jóvenes salen y se les fija una hora para regresar. Por cada minuto que lleguen tarde se les descuentan 15 minutos en su próxima salida. Cuando los niños no respetan el horario para sus actividades o tareas en el hogar, como la hora de levantarse, por cada minuto que se tarden en levantar tendrán que acostarse 10 minutos antes esa noche.

Las reglas sin relación dan como resultado la rebelión

Esta es una frase acuñada por Josh McDowell en su libro *La generación desconectada.*

"Mi profunda convicción —dice Josh—basada en principios bíblicos, la investigación personal y mi propia experiencia con la juventud, es que los jóvenes no responden a reglas, sino que responden a relaciones. He aquí dos fórmulas que uso a menudo para ilustrar el contraste:

Reglas – Relación = Rebelión
Reglas + Relación = Respuesta positiva

Si los jóvenes perciben que uno está más preocupado con las reglas que con ellos mismos, lo más probable es que tengan la tentación de descartar esas reglas. Pero cuando saben que para nosotros, ellos son más importantes que las reglas —que se les ama sin que importe lo que hagan o dejen de hacer— es mucho más probable que sigan nuestra dirección".[3]
La figura típica del padre latinoamericano hasta hace

Demasiadas veces he escuchado confesiones del corazón dolido de hijos mayores a quienes su padre nunca los abrazaba, nunca les decía: te amo.

algunos años era la de una persona de trato tosco, carente de palabras amables o expresiones físicas de cariño. Era un padre que aplicaba la disciplina con severidad, pero que nunca tocaba, besaba ni hablaba con sus hijos. Era alguien distante con quien sus hijos no lograban establecer una conexión real a lo largo de sus vidas. Demasiadas veces he escuchado confesiones del corazón dolido de hijos mayores a quienes su padre nunca los abrazaba, nunca les decía: te amo. Muchos de esos hijos guardaron resentimientos y cayeron en rebelión.

No podemos simplemente pararnos delante de nuestros hijos a recitarles las instrucciones y reglas del hogar como lo haría un sargento en el ejército. No podemos darles nuestro decálogo familiar si no estamos dispuestos a establecer una relación de amor. Parafraseando al Dr. Maxwell: "A ellos no les importa cuántas reglas eres capaz de ponerles hasta que saben cuánto eres capaz de amarlos". Enseguida encontrarás algunas sugerencias para lograr una relación de amor con tus hijos.

Mil y una maneras de mostrar amor a los hijos

El ser humano es la obra cumbre de la creación. Dios hizo al hombre y a la mujer a su semejanza. Entre muchas otras cosas eso significa que le dio un ser trino: espíritu, alma y cuerpo. Cada una de las partes del ser humano está llena de maravillas que, por cierto, no son producto de la casualidad, sino que forman parte del diseño sabio y la obra genial de Dios. Los sentidos de nuestro cuerpo son uno de los más grandes regalos que jamás hayamos recibido. Son las ventanas a través de las cuales podemos estar en contacto con el mundo exterior. Nos permiten disfrutar la belleza de la creación y nos protegen de los peligros del medio en el que nos desenvolvemos.

Los sentidos de nuestro cuerpo —tacto, oído, vista, gusto y olfato— nos permiten expresar y percibir el amor de nuestros semejantes. El alma también cuenta con cinco sentidos que están íntimamente ligados a los sentidos del cuerpo y que nos permiten entrar en contacto con las personas que nos rodean.

Los sentidos del alma son: los afectos, la memoria, la imaginación, la razón y la conciencia. Cada sentido del alma corresponde a un sentido del cuerpo en el orden en que están mencionados. Estas son las puertas de entrada al alma y son los canales que nos permiten expresarnos y relacionarnos con otros.

En el seno del hogar debemos aprovechar estos canales maravillosos para mostrar amor a nuestros hijos. Aquí hay varias maneras de hacer precisamente esto:

Tacto – Afectos

Tócalos en todas las maneras que puedas y todas las veces que puedas para transmitir mensajes de amor, de aceptación y de amistad.

Tócalos cuando están en la casa, cuando van a algún lugar en el automóvil, cuando están en la iglesia. Toca sus manos, toca su cara, toca su pelo. Hazles cosquillas, juega "luchitas" con ellos. Si hay bebés en la familia no pierdas la oportunidad de bañarlos. Esta es una experiencia llena de ternura. Dales un abrazo cada día. Cuando se van a la escuela, o cuando tú sales al trabajo, tócalos y abrázalos. Toma un tiempo para poner tu mano sobre ellos e impartirles una bendición. Bésalos, llénalos de besos. Bésalos tanto que tengan que luchar para separarse de ti. Nunca te vayas sin tocar, abrazar y besar a tus hijos, sobre todo cuando vas a estar fuera por varios días. No solo estarás tocando su piel, sino que también tocarás su alma a través de la expresión de tu afecto y les dejarás una huella imborrable.

Una palabra especial para padres con hijas. Por favor, abraza y besa especialmente a tus hijas. Las calles están llenas de niñas y jovencitas que se mueren de "hambre de amor". Como en su casa no hay un hombre que las haga sentir amadas, han tenido que buscarlo en la calle. Y, por si no lo sabías, allá hay montones de jóvenes sin escrúpulos que están más que dispuestos a satisfacer engañosamente la necesidad de tu hija, sólo para saciar sus instintos carnales y, quizá, para dejar a tu hija con el corazón roto convertida en una madre abandonada.

Un padre sabio llenará a su hija de amor, de abrazos, de besos y de expresiones cariñosas, de tal manera que ella ni siquiera sienta necesidad de pensar en buscar un novio hasta después de los dieciocho.

Oído – Memoria

El sentido del oído es uno de los medios más importantes para transmitir los mensajes de amor y tenemos que aprovecharlo al máximo.

Diles frecuentemente a tus hijos que los amas. Cuando salgas diles que los amas, de manera que mientras tú no estés ellos lo recuerden. Cuando se vayan a dormir diles que los amas, que esa sea la última imagen en su mente antes de caer dormidos y el primer recuerdo que tengan al despertar. Nunca pecarás de exagerado por más que lo hagas. Ellos lo necesitan oír muchas veces cada día. Repite tus mensajes de afecto tanto que ellos nunca los puedan borrar de su memoria. Elógialos siempre que hagan algo bueno, ellos necesitan escuchar de tus labios palabras de aprobación.

Sé agradecido cuando ayuden o hagan algo inesperado para complacerte. Las palabras amables que oigan de tu boca los motivarán a ser amables con otros. Escúchalos. Por lo general los adultos no tienen tiempo para escuchar lo que los chiquitos tienen que decir. Nunca dejes pasar la oportunidad de oír lo que tus hijos te tienen que decir. Si mantienes tu oído abierto cuando ellos son chicos, la vía de comunicación permanecerá abierta cuando ellos sean mayores. Si cierras tu oído a las cosas "sin importancia" de los pequeños, llegará el tiempo cuanto tú querrás escuchar lo que pasa en sus vidas, pero ellos tendrán cerrada su boca.

Platica con ellos frecuentemente, no engrueses las filas de los padres que, según las estadísticas, pasan unos cuantos minutos al día hablando o teniendo alguna interacción significativa con sus hijos.

Un equipo de investigadores quería saber cuánto tiempo pasaban los padres jugando e interactuando con sus hijos pequeños. Cuando les preguntaron a los padres contestaron que, en promedio, pasaban con sus hijos de 15 a 20 minutos cada día. Pero cuando verificaron, poniendo micrófonos, encontraron que el tiempo promedio que los padres pasan con sus hijos era en realidad de ¡37 segundos por día![4]

Ora con ellos y ora por ellos. Es muy importante que ellos escuchen tus palabras de clamor ante Dios. Necesitan ser nutridos en la fe de su padre.

Las palabras que hablamos tienen un poder que a veces no comprendemos. Nuestras palabras pueden motivar a nuestros hijos a ser campeones, pero también pueden causar que ellos se sientan derrotados, inútiles y rechazados. Seamos muy cuidadosos con nuestras palabras.

Habla palabras de bendición para tus hijos, habla palabras de fe creativa. Diles las grandes bendiciones que Dios les dará. Diles las maneras maravillosas en que Dios los usará en el futuro. Como Dios, habla de las cosas que no son como si fueran. Pide disculpas cuando te equivoques. Admitir nuestros errores ante nuestros hijos puede ser un ejercicio de humildad muy difícil de llevar a cabo, pero vale la pena. Ellos te respetarán más.

Nuestras palabras pueden motivar a nuestros hijos a ser campeones, pero también pueden causar que ellos se sientan derrotados, inútiles y rechazados.

Vista – Imaginación

Los niños necesitan ejemplos que puedan imitar. Lo que ven causa un efecto más grande en su vida que lo que oyen. Tus palabras carecerán de significado si no están acompañadas de acciones que tus hijos puedan ver y que confirmen fehacientemente lo que has expresado.

Cumple siempre lo que prometas. Si no estás dispuesto a cumplir tu palabra es mejor que no lo digas. Puedes romper por completo su confianza en ti. Enseña a tus hijos a cuidar lo que ven. Si los amas, apaga la televisión y controla cuidadosamente su acceso a la internet. No permitas que entren a tu hogar cosas sucias que contaminen el alma de tu hijo.

Cuando nuestros hijos pequeños estaban en la escuela tuvimos una experiencia muy desagradable. Un niño de cinco años empezó a contarles con todo detalle lo que había visto en unos videos pornográficos que encontró bajo la cama de sus padres. Esta fue una de las razones que nos llevaron a tomar la decisión de educar a nuestros hijos en el hogar.

Necesitamos crear para nuestros hijos un hogar lleno de árboles deliciosos a la vista. Un hogar al que ellos anhelen regresar cada día. El sentido de la vista está conectado con el sentido de la imaginación. Uno de los regalos más valiosos que podemos darle a nuestros hijos es el amor por la lectura. Con un buen libro y la creatividad de su sentido de la imaginación, podrán hacer viajes fantásticos y disfrutarán las aventuras más emocionantes. La lectura les dará beneficios de carácter emocional, intelectual y espiritual.

Desde pequeños nuestros hijos aprendieron a amar los libros. No sabían leer todavía, pero al acostarse querían tener un libro en sus manos, como papá, y se quedaban dormidos "leyéndolo" ¡con la luz apagada!

Una de las fotos más graciosas en el álbum familiar es la de una de las niñas, de dos años de edad, "leyendo" un libro en el baño, tal como lo hacía papá. La protagonista ha pedido que se mantenga su nombre en el anonimato por razones obvias.

Cuando el cielo esté despejado, en una noche fría y oscura, llévalos a contemplar las estrellas. Abrázalos mientras les explicas los misterios de la Vía Láctea.

Pega sus "obras de arte" en el refrigerador de la casa o en tu escritorio en la oficina. Quizá no sea más que una hoja llena de rayas de colores, pero en la imaginación de un niño, se trata de algo muy importante. Él se sentirá muy orgulloso al ver que tú aprecias su dibujo.

Gusto – Razón

El gusto nos permite apreciar los sabores de los alimentos que ingerimos.

Comer es uno de los mayores placeres que Dios nos ha concedido. El amor de una madre se expresa de una manera muy especial en la mesa. Alimentar a nuestros hijos con alimentos saludables es una manifestación de amor a corto y a largo plazo. Al momento los alimentos preparados con amor son una delicia al paladar. En el futuro, nos permitirá disfrutar de una vida larga, con un cuerpo fuerte y saludable.

De la misma manera en que el sentido del gusto identifica y nos ayuda a digerir los alimentos, el sentido de la razón nos permite identificar y digerir la información y los conocimientos que recibimos.

Ayuda a tu hijo en sus tareas escolares. Requiere tiempo, pero tú serás el más beneficiado. Después de ayudarlo a resolver algún problema que parecía tan difícil, en su carita se verá reflejada la admiración que siente por su papi que "sabe tanto" y es "tan inteligente".

Siempre que tengas que arreglar algún desperfecto en el hogar deja que tus hijos te ayuden y, de paso, explícales cómo funcionan las cosas. La cerradura de la puerta de la recámara de las niñas se había aflojado y estaba dando problemas. De hecho, en una ocasión una de las niñas se había quedado encerrada. Ese fin de semana agarré algunas herramientas y llamé a mi hijo. Le dije: "Ven, ayúdame a arreglar esta cerradura. En realidad debe ser algo muy simple, pero a las mujeres no les gusta arreglar estas cosas. Cuando la arreglemos ellas van a quedar sorprendidas". Él me ayudó a aflojar y apretar tornillos y pronto quedó solucionado el problema. ¿Qué es lo que las mujeres dijeron?: "¡Bravo, gracias, qué inteligentes!". Mi hijo aprendió, ayudó y se sintió muy bien por el éxito alcanzado.

Olfato – Conciencia

Dios puso en nuestra nariz la capacidad para percibir y disfrutar los olores agradables del perfume, de las manzanas y de las flores.

Cuando vayas de regreso a casa busca un lugar donde vendan flores sueltas (es más barato), y compra varias docenas de flores. Una docena diferente por cada hijo que tengas. Al llegar a casa llama a tus hijos, de preferencia sin que tu esposa se dé cuenta, y dale a cada uno un ramillete de flores para entregárselo, uno tras otro, a su sorprendida mamá. El olor y la belleza de las flores harán brotar sonrisas de todos. Los niños aprenderán a expresar su cariño y ella estará feliz.

El olfato también sirve para percibir los olores desagradables que nos causan repulsión y nos libran de ingerir alimentos descompuestos o nos hacen alejarnos de gases peligrosos. Así funciona nuestra conciencia. Este sentido de nuestra alma nos ayuda a aceptar lo que es de olor grato y a rechazar lo malo.

Un padre que ama está dispuesto a decir "no" siempre que sea necesario. Cuando se establecen reglas en el hogar el padre amoroso permanece firme y constante. También es importante enseñar a los hijos a decir "no" siempre que su conciencia les redarguya.

Alguien ha comparado el sentido de la conciencia con una sierra circular que da vueltas dentro de nuestra alma. Cada vez que enfrentamos una tentación la sierra da vuelta y nos causa dolor. Si hacemos caso a la conciencia diremos "no" al pecado y tomaremos la decisión correcta. Si no hacemos caso, la sierra seguirá dando vueltas mientras permanezcamos en nuestra mala decisión. Si persistimos en la conducta equivocada los dientes de la sierra se desgastarán y ya no sentiremos dolor. Tendremos la conciencia cauterizada.

Enseñar a tus hijos a decir "no" cuando la conciencia les redarguye los librará de caer en las garras del pecado.

Nunca avergüences a tus hijos en público. Si tienes necesidad de reprenderlo o disciplinarlo, no lo hagas en público.

Inventa mil y una maneras más

Las sugerencias anteriores son sólo una muestra de lo que puedes hacer para mostrar amor a tus hijos. No hay límite para la creatividad que Dios te ha dado. Puedes inventar mil y una maneras más de expresar tu amor:

- Llevarlos al zoológico.
- Llevarlos al parque para jugar fútbol.
- Jugar ajedrez, y dejarlos ganar de vez en cuando.

- Ser paciente con ellos cuando se equivocan.
- No disciplinarlos enojado.
- Decirle que amas a su mamá (papá) y que nunca la abandonarás.
- Aceptar sus imperfecciones físicas porque son un sello especial que Dios les puso al nacer.
- Premiar el buen comportamiento.
- Protegerlos y dejarlos dormir en tu cama durante una noche de tormenta.
- Hablar con sus maestros, interesándote por su desempeño escolar.
- Decirles en privado y en público lo orgulloso que estás de ellos.
- Salir con cada uno de ellos para tener un tiempo a solas.
- Hacer tiempo en tu apretada agenda para asistir al partido de fútbol de tu hijo o al concierto de tu hija.
- Leer junto con tus hijos las tiras cómicas del periódico.
- Llevarlos al parque y deslizarte junto con ellos en la resbaladilla gigante.
- Caminar juntos de noche en el bosque a la luz de la luna, mirando las estrellas y cantando.
- Establecer una fecha de cumpleaños de tus hijos —podría ser al cumplir los 18— para hacer una ceremonia especial de reconocimiento. Invita a tus seres queridos y honra públicamente a tu hijo o hija.

Cada una de estas cosas ayudarán a fortalecer tu relación con ellos y entonces será muy fácil el establecimiento de los límites correctos en el hogar.

CAPÍTULO 8

EL RETRATO DE UN HIJO IDEAL

C omo en todo álbum familiar, no sería suficiente con tener sólo una fotografía de tu hijo, se necesitan muchas... mientras más, mejor.

Cada etapa en la vida de un hijo es singularmente bella. Cuando tuve en mis manos por vez primera a mis hijos, los veía tan bellos, tan maravillosos, que anhelaba que permanecieran así de pequeños, que nunca crecieran.

Cada año que pasaba, los veía crecer, y al tenerlos en mis manos volvía a sentir lo mismo. Hubiera querido congelar el tiempo y conservarlos exactamente como eran cuando tenían tres años, o cuando tenían 5 o 9 o 12 o 16 años. Nunca he dejado de sentir eso. Ahora la mayor casi cumple 18 y el menor tiene 9, y me parece que sería eternamente feliz si pudiera conservarlos de esa edad y tamaño por el resto de mi vida. Son unos hijos increíbles, pero... bueno, por lo menos tengo fotografías para recordar cada una de esas etapas, para eso sirven las fotografías.

Necesitamos darnos el tiempo para disfrutar cada etapa de la vida de nuestros hijos. No pasemos tan deprisa por el camino que no podamos detenernos para disfrutar el perfume de una flor o la belleza de una puesta de sol o la sonrisa de un hijo.

"Porque en Cristo Jesús ni la circuncisión vale nada, ni la incircuncisión, sino una nueva creación".
—Gálatas 6:15

No nos interesa criar una familia de apariencia. No queremos tener hijos que aparenten ser buenos hijos, los queremos buenos de verdad.

A veces nos preocupamos sólo por las apariencias. Cuando vamos a la iglesia queremos que todos vean la bonita familia que tenemos, todos arregladitos y bien portaditos, pero al llegar a casa nos transformamos. Podemos tener una apariencia religiosa, podemos sonreír en público, pero tener un desastre en el hogar, cuando nadie nos ve.

Lo importante no es lo exterior, la apariencia. Lo verdaderamente importante es lo interior, lo que sucede en nuestro hogar cuando no hay visitas.

Lo verdaderamente importante es lo interior, lo que sucede en nuestro hogar cuando no hay visitas.

De nada sirve para un cristiano el guardar ritos religiosos, si no hay una nueva creación en lo profundo del ser. Cuando tenemos la naturaleza divina en nuestro interior, el fruto lo hará manifiesto, pero debemos empezar por adentro, por el corazón.

Enseguida te voy a dar siete imágenes de lo que yo considero que puede ser un hijo ideal.

1. *Tu hijo y la Palabra*

En la primera imagen podemos ver a un niño hermoso acostado en su cuna o acurrucado en el regazo de su madre, con una sonrisa de satisfacción luego de haber saciado su apetito; la leche materna le ha dado todos los nutrimentos que necesita para crecer sano y fuerte.

La vida de nuestros hijos, en el sentido espiritual, depende de que tengan una correcta relación con la Palabra de Dios.

"Siendo renacidos, no de simiente corruptible, sino de incorruptible, por la palabra de Dios que vive y permanece para siempre".

—1 Pedro 1:23

La Palabra de Dios es poderosa. Por ella fueron creados el mundo, los cielos y todo lo que en ellos existe. Cuando la Palabra de Dios es sembrada en el corazón de nuestros hijos

UNA FAMILIA CONFORME AL CORAZÓN DE DIOS

ocurre el milagro del nuevo nacimiento, la experiencia más valiosa de sus vidas.

Entonces empieza un proceso que durará toda la vida y tendrá efectos profundos en su vida a medida que se mantenga esta relación vital con la Palabra.

"Desechando, pues, toda malicia, todo engaño, hipo-
cresía, envidias, y todas las detracciones, desead, como
niños recién nacidos, la leche espiritual no adulterada,
para que por ella crezcáis para salvación"
                                        —1 Pedro 2:1, 2

En lo natural los bebés lloran cuando desean la leche. Pocas cosas nos transmiten el sentido de urgencia como el llanto de un bebé hambriento. Necesitamos implantar ese sentido de necesidad en nuestros hijos... y en nosotros mismos.

Un bebé sin leche, sufre desnutrición, no se desarrolla correctamente, es enfermizo. Esto es cierto en lo natural y en lo espiritual.

Lo que menciona Pedro forma parte de la conducta normal de un niño sin Cristo:

- Malicia: Inclinación a hacer el mal.
- Engaño: Acción o efecto de engañar, hacer creer algo que no es verdad.
- Hipocresía: Fingir los sentimientos, la devoción, la virtud.
- Envidias: Deseo de hacer o tener lo mismo que hace o tiene otro.
- Detracciones: Denigrar, infamar, hablar mal de una persona, destruyendo su buena fama.

Vale la pena notar en particular la palabra hipocresía. Esta palabra proviene de la costumbre de los actores griegos de usar caretas o máscaras de cera para cambiar las expresiones de la cara durante sus representaciones. Con ellas podían parecer alegres o tristes, según lo requiriera la obra. El público no veía su rostro, veía la máscara.

Por eso un hipócrita es aquel que se pone una máscara y que no nos permite ver lo que realmente es o lo que realmente piensa.

Estas son las tendencias naturales del viejo hombre que se encuentran en operación en la vida de nuestros hijos y que debemos enseñarles a desechar.

Uno de los recursos más poderosos para ayudar a nuestros hijos a rechazar estas cosas es entrenarlos a desear la leche espiritual. Cesia, nuestra tercera hija es una lectora excelente. El año pasado por propia iniciativa se puso la meta de leer la Biblia completa. Qué alegría verla leyendo la Palabra cada día, pidiendo que le diéramos permiso para leer más tiempo cada día porque quería terminarla cuanto antes. Frecuentemente preguntaba: ¿Por qué dice esto la Biblia? ¿Qué significa esto otro?

La Palabra ayudará a nuestros hijos a crecer, a madurar y a desechar el viejo hombre para vestirse más y más de Cristo, para ser hijos llenos de bondad, verdad, sinceridad, generosidad y buenas palabras acerca de los demás.

2. *Tu hijo y el mundo*

En la segunda imagen vemos a un niño que ha crecido, si es niño se parece mucho a su papá (y el papá está muy orgulloso aunque no lo diga), si es niña se parece mucho a su mamá, lo cual quiere decir que es muy hermosa. Está muy arregladito con su ropa limpia y su cabello peinado.

Hace poco Josh McDowell visitó la ciudad de Monterrey y tuve el privilegio de recogerlo en el aeropuerto. Llevé a mi hijo conmigo y juntos tuvimos una excelente oportunidad para conocer a Josh y probar un poco de su buen sentido del humor. En el camino Josh me dijo algo que me sorprendió:

—Tu esposa debe ser muy guapa, ¿verdad?

—¿Por qué lo dice? —pregunte intrigado.

—Porque tu hijo es muy guapo ¡y no se parece a ti! —me contestó con una sonrisa traviesa en los labios.

En nuestro caso, mis hijos deben entender desde pequeños que no sólo pertenecen a la familia Carbajal, sino que pertenecen a una familia más grande y más importante, cuya ciudadanía no es de este mundo.

"No son del mundo, como tampoco yo soy del mundo".
—Juan 17:16

Debemos enseñarlos a "pintar bien la raya", a identificar lo que es del mundo y lo que es de Dios. Ellos deben saber de dónde son. Algunos tienen problemas de identidad. No saben de dónde son. Son como algunos mexicanos que van a trabajar a Estados Unidos y de pronto ya no hablan bien el español y tampoco hablan bien el inglés. Resulta muy divertido ir a alguna ciudad texana en la frontera y ver a los jovencitos con toda la cara de mexicanos, pero que se niegan a hablar español. Por todos lados se les nota lo mexicano, no lo pueden negar, pero tienen problemas de identidad.

La Palabra ayudará a nuestros hijos a crecer, a madurar y a desechar el viejo hombre para vestirse más y más de Cristo.

Eso les pasa a algunos jovencitos cristianos. Cuando van a la escuela no quieren que nadie se dé cuenta de que son cristianos. Cuando van a la iglesia, su forma de hablar y de comportarse los delata que su corazón está en el mundo. Tienen problemas de identidad, no saben qué son, ni de dónde son.

Nuestros hijos entienden que, antes que todo, son cristianos, son de Dios y están

muy orgullosos de serlo. Sus ropas permanecen limpias a pesar de vivir en medio de tanta suciedad en este mundo. Su corazón está firme en Dios.

"No améis al mundo, ni las cosas que están en el mundo. Si alguno ama al mundo, el amor del Padre no está en él. Porque todo lo que hay en el mundo, los deseos de la carne, los deseos de los ojos, y la vanagloria de la vida, no proviene del Padre, sino del mundo. Y el mundo pasa, y sus deseos; pero el que hace la voluntad de Dios permanece para siempre".

—1 Juan 2:15-17

El corazón de nuestros hijos no está en las cosas de este mundo. ¿Saben ellos qué hacer en cuanto al sexo, la apariencia y la vanagloria de este mundo? ¿Cómo reaccionan ante las corrientes mundanas de las modas?

Los que viven de acuerdo al mundo son como las malas hierbas: florecen y crecen rápido, y también rápido desaparecen. Los que hacen la voluntad de Dios son como robles, nogales, pinos, se requieren muchos años para crecer, pero son fuertes y duraderos.

"Porque todo lo que es nacido de Dios vence al mundo; y esta es la victoria que ha vencido al mundo, nuestra fe. ¿Quién es el que vence al mundo, sino el que cree que Jesús es el hijo de Dios?".

—1 Juan 5:4, 5

Nuestros hijos están destinados a vencer. Debemos tener una colección de fotografías en las que ellos levantan los trofeos de sus victorias sobre la televisión, la música, las revistas, el cine, el cigarro, la cerveza o el baile. No nacieron para ser esclavos sino para ser más que vencedores.

"Por medio de las cuales nos ha dado preciosas y gran-
dísimas promesas, para que por ellas llegaseis a ser
participantes de la naturaleza divina, habiendo huido
de la corrupción que hay en el mundo a causa de la
concupiscencia".

—2 Pedro 1:4

¿Participantes de la naturaleza divina? ¿Qué significa esto?
Los hijos tienen rasgos de sus padres. Eso puede ser motivo de
orgullo o de conmiseración: "Pobre niño se parece a su papá,
¡ojalá que se componga cuando crezca!".

**Nuestros hijos están
destinados a vencer.**

Pero lo maravilloso es que
nuestros hijos pueden ser
participantes de la naturaleza
divina. El carácter, la belleza
y la gracia de Dios pueden ser
implantados en nuestros hijos.
Y por eso, nuestros hijos son
bellos, valiosos, preciosos...
porque tienen los rasgos de
Cristo.

Esta naturaleza divina los
capacitará para enfrentar la
tentación y vencer.

3. Tu hijo y la autoridad

Al voltear las hojas del álbum familiar nos encontramos
con la fotografía de un jovencito que camina con gallardía, su
porte transmite confianza y seguridad.

Nuestros hijos saben que mientras estuvimos en el mundo
éramos esclavos, estábamos muertos en delitos y pecados, hacíamos la voluntad del príncipe de la potestad del aire (Efesios
2:1-10), pero ahora somos libres, tenemos nueva vida, estamos
sentados en lugares celestiales, tenemos herencia, somos ricos
en su gracia.

"Con gozo dando gracias al Padre que nos hizo aptos para participar de la herencia de los santos en luz; el cual nos ha librado de la potestad de las tinieblas, y trasladado al reino de su amado Hijo, en quien tenemos redención por su sangre, el perdón de pecados".

—Colosenses 1:12-14

Tenemos herencia porque somos hijos. No éramos aptos, pero él nos hizo aptos pues nos redimió (compró) por su sangre, perdonando nuestros pecados. Dios nos libró de la potestad de las tinieblas y nos trasladó al reino de su amado Hijo. ¡Qué alivio! ¡Qué seguridad! ¡Qué libertad!

Nuestros hijos no son esclavos del diablo ni del mundo, son siervos de Cristo. Son ciudadanos del reino más poderoso del universo. Pueden andar por doquiera con libertad y confianza. El maligno no los puede tocar. No viven bajo su autoridad sino bajo la autoridad del Rey de reyes.

Nuestros hijos tienen autoridad divina y saben someterse a la autoridad que Dios pone sobre ellos en el hogar y en la iglesia. Saben que la autoridad de Dios y la que él delega existen para su protección y bendición y se someten a ella con gusto. Mientras se mantienen bajo la protección de la autoridad de Dios, están seguros.

4. Tu hijo y los tratos personales de Dios

En la siguiente imagen vemos el rostro apacible de un joven en cuyos ojos se percibe humildad y contentamiento.

"Hijo mío, no menosprecies la disciplina del Señor, ni desmayes cuando eres reprendido por él; porque el Señor al que ama, disciplina, y azota a todo el que recibe por hijo. Si soportáis la disciplina, Dios os trata como a hijos; porque ¿qué hijo es aquel a quien el padre no disciplina? Pero si se os deja sin disciplina, de la cual todos han sido participantes, entonces sois bastardos,

y no hijos. Por otra parte, tuvimos a nuestros padres terrenales que nos disciplinaban, y los venerábamos. ¿Por qué no obedeceremos mucho mejor al Padre de los espíritus, y viviremos? Y aquellos, ciertamente por pocos días nos disciplinaban como a ellos les parecía, pero éste para lo que nos es provechoso, para que participemos de su santidad. Es verdad que ninguna disciplina al presente parece ser causa de gozo, sino de tristeza; pero después da fruto apacible de justicia a los que en ella han sido ejercitados".

—Hebreos 12:5-11

Nuestros hijos saben que Dios los ama y que, a veces, Él los disciplina porque los ama.

Nuestros hijos saben que Dios los ama y que, a veces, Él los disciplina porque los ama. Dios nos trata con amor, la mano que disciplina es la misma que fue clavada en la cruz. El énfasis no está puesto en la disciplina sino en el hecho maravilloso de que Dios los ama. Él nos disciplina para lo que nos es provechoso, para que participemos de su santidad, para traer fruto apacible de justicia, aunque al presente no parece ser causa de gozo. También saben que sus padres los aman. Esto es muy importante: son hijos amados. A veces, los padres sabios tienen que disciplinar, pero esto es fruto del amor y tiene como propósito que los hijos tengan un fruto apacible de justicia con gozo. Qué engaño viven los padres de hoy pensando que no deben disciplinar a sus hijos para no perderlos.

"Mas el Dios de toda gracia, que nos llamó a su gloria eterna en Jesucristo, después que hayáis padecido un

*poco de tiempo, él mismo os **perfeccione, afirme, fortalezca y establezca***".

—1 Pedro 5:10, énfasis añadido

Este es el verdadero propósito de las pruebas, la disciplina, el sufrimiento y los problemas. Dios quiere perfeccionarnos, afirmarnos, fortalecernos y establecernos. Este es también el propósito que persigue un padre sabio.

5. *Tu hijo y el plan de Dios*
Ahora vemos la fotografía de un joven estudiante universitario que se encamina con decisión hacia el futuro. Sabe a dónde quiere ir. Avanza con determinación. Nuestros hijos saben que están en este mundo con un propósito. Su vida no es un accidente, no vagan por el mundo sin saber a donde ir, sin saber para qué están aquí. Ellos forman parte del plan eterno de Dios.

Pero ¿cómo podemos saber cuál es la voluntad de Dios para nuestros hijos?

En primer lugar ellos deben entender el plan general de Dios para el hombre. Esto les da un marco de referencia para guiar su vida.

"Elegidos según la presciencia de Dios Padre en santificación del Espíritu, para obedecer y ser rociados con la sangre de Jesucristo: Gracia y paz os sean multiplicadas".
—1 Pedro 1:2

La predestinación es un tema que causa mucho debate entre teólogos de diferentes corrientes. Pedro establece un hecho: Dios nos conoció antes de que naciéramos. Dios supo desde antes de la fundación del mundo que seríamos santificados, que obedeceríamos, que seríamos rociados con la sangre de Cristo. Fuimos elegidos para ser parte del glorioso plan de Dios. No estamos aquí por equivocación. No sobramos en este mundo. Pero hay algo más.

"Él, de su voluntad, nos hizo nacer por la palabra de verdad, para que seamos primicias de sus criaturas".
—Santiago 1:18

Somos hijos deseados. Dios, por su propia voluntad, te hizo nacer. Anhelaba el día de tu nacimiento. Su corazón se llenó de alegría cuando naciste. Muchos cientos de miles de bebés no pueden ver la luz a causa de la práctica asesina del aborto. De pronto, la pareja se encuentra con un embarazo "no deseado"... y recurren a médicos que matan sin misericordia al ser que ella lleva en el vientre.

Somos hijos deseados. Dios, por su propia voluntad, te hizo nacer. Anhelaba el día de tu nacimiento.

Muchos otros nacen, pero tienen que sufrir toda su vida el saber que no eran deseados. Eso les causa grandes perjuicios.

En cambio, tú debes saber que eres un hijo deseado y amado por Dios. Nuestros hijos deben saber también que, en lo natural, son hijos deseados. Amados desde el vientre de su madre, esperados con ilusión, aceptados sin reservas. Son parte del plan de Dios para nuestra familia, son una bendición enviada desde el cielo para nuestro hogar.

"Porque ya sabéis qué instrucciones os dimos por el Señor Jesús; pues la voluntad de Dios es vuestra santificación".
—1 Tesalonicenses 4:2, 3

El hecho de que nuestros hijos se sepan amados y deseados, el saber que tienen un lugar seguro en el seno de nuestra familia, no significa que tienen licencia para comportarse de cualquier manera. La voluntad de Dios es que sean santos, apartados del mundo, limpios. Nuestra responsabilidad como padres no se limita a asegurarnos que el domingo lleguen a la iglesia bien arregladitos con su ropa limpia y planchada y su carita limpia. Debemos asegurarnos que su alma permanezca limpia, que el lodo del mundo no los manche, que sus mentes se mantengan limpias. En particular, debemos esforzarnos en mantener limpios a nuestros hijos en el área sexual. La regla para ambos sexos debe ser llegar vírgenes al matrimonio.

"Estad siempre gozosos. Orad sin cesar. Dad gracias
en todo, porque esta es la voluntad de Dios para con
vosotros en Cristo Jesús".
—1 Tesalonicenses 5:16-18

Este debe ser el estilo de vida de nuestros hijos. No son hijos oprimidos por un yugo religioso legalista. Son hijos llenos de gozo, tienen verdadera libertad, se sienten seguros y confiados, sonríen y disfrutan cada momento de su existir.

También saben que todo en su vida depende de Dios. Su respiración y su provisión, su presente y su futuro, están en la mano de Dios. Por eso aprenden a orar, aprenden a confiar, y a depender de Dios.

Son hijos agradecidos: agradecidos con Dios, agradecidos con sus padres, agradecidos por vivir, agradecidos por las bendiciones, agradecidos por las tribulaciones.

Hay muchas otras líneas generales de la voluntad divina que aplican a la vida de nuestros hijos y que sirven como marcas que señalan claramente el camino por dónde deben andar para permanecer dentro del plan de Dios. En realidad, para la mayoría de las decisiones que nuestros hijos deben tomar en sus vidas, Dios ya ha revelado en la Biblia cuál es su voluntad. El lugar más seguro para vivir es en el centro de la voluntad de Dios.

La siguiente pregunta que nuestros hijos tendrán que resolver es: "Si estoy aquí por un propósito divino, ¿cuál es ese propósito?". Ellos necesitan tener una respuesta a preguntas como: ¿Con quién me casaré? ¿Qué profesión debo elegir? Necesitamos ayudarlos a tener una visión clara de lo que Dios quiere que sean, a dónde quiere él que vayan. "Donde no hay visión, el pueblo perece" (Proverbios 29:18). Cada día podemos cumplir una parte importante del plan divino, si dejamos que Dios nos guíe. Él pondrá la persona, la circunstancia o el problema y nos dará la gracia para ser bendición.

¿Cómo puede saber tu hijo qué es lo que Dios quiere que haga? Enséñalos a buscar la voluntad de Dios atendiendo las siguientes señales del camino:

La Palabra de Dios
La Biblia es la mejor guía para nuestra vida. Por ella podemos conocer los lineamientos generales del plan de Dios y los principios que alumbrarán nuestros pasos en las decisiones específicas.

El Espíritu Santo
Cristo prometió que enviaría al Consolador para estar a nuestro lado y guiarnos a toda verdad. El Espíritu Santo, a través de los dones del Espíritu —sabiduría, ciencia, discernimiento—, puede ayudarnos al tomar las decisiones importantes de la vida. Debemos saber de dónde sopla el viento, cuál es la dirección en que la nube se está moviendo.

El consejo y aprobación de nuestra familia
Tener el apoyo y bendición de los padres es una fuente de paz y seguridad muy importante. Dios ha puesto a nuestro alrededor gente madura con un consejo de sabiduría. El pastor y los ancianos de la iglesia son usados por Dios para orientarnos y mostrarnos los caminos de Dios.

La paz interior

Cuando estamos en la voluntad de Dios tendremos un testimonio de paz en nuestro interior. Por lo general, cuando estamos llenos de dudas en nuestro espíritu lo mejor es esperar. Dios nos dará paz y seguridad al guiarnos, aunque a veces parezca algo contrario a la razón.

Las circunstancias

Cuando Dios nos manda a hacer una obra, él se encarga de darnos las provisiones necesarias, él levanta las ayudas correctas, él prepara 'citas divinas'. Todo esto nos da la confirmación de que estamos caminando en su voluntad, en el tiempo y con la ayuda correcta.

Cuando nuestros hijos son pequeños solo piensan en sí mismos, en sus necesidades y deseos. A medida que crecen deben dejar de pensar en sí mismos, en sus necesidades, en sus problemas o limitaciones. Deben pensar en cómo pueden servir a otros y cómo pueden servir a Dios. Deben dejar que el Espíritu ponga en su corazón una carga, una visión, un llamado. Deben ver las cosas grandes que Dios hará a través de ellos para bendecir a otros.

6. *Tu hijo y Dios*

Aquí llegamos a un grupo de fotografías muy especiales. Vemos a un hijo en brazos de su padre, vemos a un hijo caminando al lado de su padre tomados de la mano, vemos a un hijo que ha crecido y abraza a su padre con cariño y respeto. Hay entre ellos un vínculo muy fuerte que se transmite en la fotografía.

La relación personal entre un hijo con su padre puede y debe ser muy fuerte. El padre conoce profundamente a su hijo y conoce sus fortalezas y debilidades. El hijo conoce a su padre, sabe perfectamente lo que le agrada, lo ama y lo respeta.

La relación entre un hijo y un padre es una sombra de la relación de un cristiano con Dios. No hay algo más importante

La relación entre un hijo y un padre es una sombra de la relación de un cristiano con Dios.

para un creyente que conocer a Dios, ya que esa es la clave para tener vida eterna (Juan 17:3); conocer a Dios es la clave para amar (1 Juan 4:7-11); conocer a Dios es la clave para guardar sus mandamientos (1 Juan 2:3-6); conocer a Dios es la clave para no pecar (1 Juan 3:5, 6). ¿Cómo podríamos vivir la vida cristiana sin conocer a Dios?

Siempre me ha intrigado la dolorosa afirmación que Pablo hace acerca de los corintios: "Porque algunos no conocen a Dios; para vergüenza vuestra lo digo" (1 Corintios 15:34). ¿Cómo es esto posible? Los corintios eran cristianos llenos del Espíritu. En sus reuniones había manifestaciones poderosas de Dios. Ellos hablaban en lenguas y tenían dones. Sin embargo, algunos no conocían a Dios.

¿Es esto lo que pasa con nuestros hijos? ¿Somos una familia 'espiritual' cuyos hijos no conocen a Dios?

Necesitamos cuidar mucho esta área de la vida de nuestros hijos. No es suficiente con ser parte de una iglesia en la que haya manifestaciones gloriosas del poder de Dios. Es imprescindible que nuestros hijos conozcan a Dios de manera personal, profunda y significativa para su vida.

Dios el Padre

"Mirad cuál amor nos ha dado el Padre, para que seamos llamados hijos de Dios".

—1 Juan 3:1

Nuestros hijos tienen un Padre con "P" mayúscula. Fueron engendrados por Dios. Fueron creados para vivir en su presencia, para ser adoradores del Padre de las luces de quien proviene toda buena dádiva. Son hijos de Dios y como tales deben ser portadores de su imagen y semejanza, imitadores de Dios como hijos amados. Su carácter y su comportamiento deben reflejar claramente a qué familia pertenecen.

Dios el Hijo

> *"Porque a los que antes conoció, también los predestinó para que fuesen hechos conformes a la imagen de su Hijo, para que él sea el primogénito entre muchos hermanos".*
>
> —Romanos 8:29

Aunque ser hijo único debe tener sus ventajas, indudablemente yo prefiero las familias con más hijos. Tener hermanos y hermanas es una bendición. El gozo de Cristo es tener muchos hermanos en la familia de Dios. Tenerlo a Él como hermano es nuestro gozo y privilegio. Parecernos a Él más cada día es nuestro orgullo.

Hemos sido llamados a tener comunión con Cristo y Él ha prometido estar con nosotros hasta el fin. A través de la oración y la lectura de la Biblia nuestros hijos pueden mantenerse en comunicación con su hermano mayor.

Dios el Espíritu Santo

> *"Porque todos los que son guiados por el Espíritu de Dios, éstos son hijos de Dios".*
>
> —Romanos 8:14

Qué alegría siente un padre cuando ve que su hijo está lleno del Espíritu y es guiado por Él. Juan el Bautista fue lleno del Espíritu desde el vientre de su madre, Jesús fue lleno del Espíritu, los 120 fueron llenos del Espíritu el día de

Pentecostés, y cuando los israelitas cuestionaron lo que estaba pasando, Pedro les dijo: "Arrepentíos... y recibiréis el don del Espíritu Santo. Porque para vosotros es la promesa, y para vuestros hijos". Nuestros hijos pueden ser llenos del Espíritu. El Consolador estará a su lado para ayudarlos y guiarlos a la verdadera libertad, porque son hijos de Dios.

7. *Tu hijo y la gloria de Dios*

Las últimas imágenes que encontramos en el álbum familiar nos muestran los momentos cumbre de la vida de nuestro hijo: Su graduación, su boda, o la ocasión cuando ganó un premio a la excelencia en el trabajo. Son momentos gloriosos que llenaron de satisfacción su corazón y el nuestro.

"Porque Dios, que mandó que de las tinieblas resplande-ciese la luz, es el que resplandeció en nuestros corazones, para iluminación del conocimiento de la gloria de Dios en la faz de Jesucristo".

—2 Corintios 4:6

No queremos para nuestros hijos nada menos que la gloria de Dios. No sólo la gloria futura cuando recibirán la herencia incorruptible en los cielos, sino la gloria presente. Es hoy y es aquí cuando la luz resplandeciente de Dios puede disipar las tinieblas que asedian a nuestros hijos en este mundo. Es hoy cuando ellos necesitan experimentar la gloria de Dios en su diario vivir. Es hoy cuando ellos necesitan saber que Dios no es alguien lejano de quien sólo se habla en círculos selectos de teólogos enclaustrados en torres de marfil. Dios es un Dios real que puede manifestarse con gloria y poder en la vida coti-diana de nuestros hijos.

Ayudemos a nuestros hijos a conocer la gloria del nombre de Dios. "Porque no hay otro nombre bajo el cielo, dado a los hombres, en que podamos ser salvos" (Hechos 4:12). Porque Cristo fue exaltado hasta lo máximo y se le dio "un nombre que es sobre todo nombre, para que en el nombre de Jesús se doble toda rodilla de los que están en los cielos, y en la tierra, y debajo de la tierra; y toda lengua confiese que Jesucristo es el Señor, para gloria de Dios Padre"(Filipenses 2:10, 11).

¡Qué glorioso es ser cristianos! ¡Qué privilegio para nuestros hijos el representar en este mundo el poder y la gloria del nombre de Cristo!

Dios es un Dios real que puede manifestarse con gloria y poder en la vida cotidiana de nuestros hijos.

Que nuestros hijos experimenten la gloria de su Palabra. Que la Biblia no sea un libro muerto y árido, sino una Palabra viviente y poderosa. Que no sólo lean la Biblia para cumplir con un requisito de la escuela dominical sino que puedan anhelar como niños recién nacidos la leche espiritual no adulterada. Que la espada de la Palabra penetre su alma y sus pensamientos. Que al estar leyendo la Biblia, de pronto una palabra salte de las páginas y sepan, sin lugar a dudas, que Dios les está hablando.

Qué glorioso será que nuestros hijos lleguen al punto en su vida en el que puedan decir "ya no vivo yo, mas vive Cristo en mí", que se asuman como vehículos a través de los que Cristo puede vivir y manifestarse al mundo, como vasos de barro en los que la excelencia de Cristo ha sido depositada para alcanzar a todos los que están alrededor. Que todos puedan ver la vida de Cristo resplandecer a través de lo que ellos dicen y hacen.

Y, finalmente, que nuestros hijos puedan permanecer viviendo constantemente en su presencia. Que la gloria de su presencia no sea algo reservado para el cielo, sino una experiencia diaria, aquí y ahora. ¿Cómo educaremos a los hijos, esos preciosos tesoros que él nos ha encomendado? ¿Cómo viviremos cada momento si sabemos que Dios está presente?

EPÍLOGO

¡**M**uchas gracias por leer este libro! No lo ha escrito un experto, como ya lo habrás notado. Lo escribió un padre en formación que después de 18 años sigue aprendiendo y clamando a Dios por ayuda y sabiduría.

He usado mi persona y mi familia como ejemplos, pero no porque yo sienta que soy un modelo. ¡Cuán lejos estoy de serlo! Mi propósito ha sido el de ilustrar los modelos bíblicos que he tratado de presentar.

Hay mucho más que me hubiera gustado decir, pero espero que lo escrito sea suficiente para despertar tu corazón y motivarte a buscar que tu familia sea edificada conforme al modelo de Dios. Deseo que tus hijos se levanten como antorchas en su generación, que enciendan fuegos para Dios que hagan arder tu ciudad y tu país. Que sean como las saetas en mano del valiente, que peguen en el blanco y que logren conquistar nuevos terrenos para el Reino de Dios.

¡Qué Dios te bendiga y corone de victoria tu esfuerzo y tu fidelidad como padre y madre!

—Jairo Carbajal Delgado

NOTAS

Introducción:
1. John Maxwell, *Desarrolle el líder que está en usted.* Grupo Nelson. Información adicional tomada de www.pbs.org/newshour.

Capítulo 1:
1. James Dobson, *Hablemos con franqueza.* Grupo Nelson.
2. Eulalia Cook González, *Susana y la escuela en su casa.* Alfalit Internacional.

Capítulo 2:
1. Ray E. Ballmann, *Solid Rock Families in a Crumbling World.* Alpha Omega Publications.
2. *God's Example and Order for Parents.* Folleto publicado por Grace Gospel Church, Waco, Texas.
3. W.E. Vine, *Vine Diccionario Expositivo de Palabras del Antiguo y del Nuevo Testamento Exhaustivo.* Grupo Nelson..
4. Larry Christenson, *La familia cristiana.* Grupo Nelson.
5. James Dobson, *El corazón del hogar.* Editorial Unilit.
6. Paul C. Reisser y otros, *Complete Book of Baby and Child Care.* Tyndale House Publishers, Inc..
7. James Dobson, *Hablemos con franqueza.* Grupo Nelson.

Capítulo 3:
1. W.E. Vine, *Vine Diccionario Expositivo de Palabras del Antiguo y del Nuevo Testamento Exhaustivo.* Editorial Caribe.
2. Tim Kimmel, Generation Ministries de Scottsdale, Arizona, *For Dads Who Care Enough to Send the Very Best.* Publicado en www.single-parent. family.org, un sitio web de Focus on the Family.
3. Ronnie Belanger & Brian Mast, *Profiles of Success.* Bridge Logos Publishers.
4. Janet & Geoff Benge, *Eric Liddell: Algo más preciado que el oro.* Editorial JUCUM.
5. Dick Iverson, *El principio del sábado.* Ediciones Ariel: México.
6. B. Carlisle / R. Thomas © 1997 Diadem Music Publishing / Polygram Int'l Music Publishing. www.bobcarlisle.com.

7. Dr. Ray Ballmann, *Solid Rock Families in a Crumbling World* (Familias sólidas como roca en medio de un mundo que se derrumba). Alpha Omega Publications.
8. Dick Iverson, *El temor de Dios*. Ediciones Ariel: México.
9. Robert Wolgemuth, *Mi hija me llama papi*. Editorial Portavoz.

Capítulo 4:
1. Eulalia Cook González, *Susana y la escuela en su casa*. Alfalit Internacional, Inc.
2. Os Guinness (Editor), *Character Counts*. Baker Books.
3. Larry Christenson y Howard G. Hendricks, *El orden de Dios para la familia*. Grupo Nelson.

Capítulo 5:
1. Hellen Keller, *La historia de mi vida*. EDAMEX: México.
2. Charles Swindoll, *El despertar de la gracia*. Grupo Nelson.
3. Dick Iverson, *¡Límites!*. Ediciones Ariel.: México.
4. Boletín UNAM – DGCS – #151, Ciudad Universitaria. President calls for constitutional amendment protecting marriage. www.whitehouse.gov – Feb. 24, 2004.
5. Rosie O'Donnel Marries Girlfriend in San Francisco. www.cnn.com – Feb. 27, 2004.

Capítulo 6:
1. Termina en divorcio uno de cada 13 matrimonios en México. Román González. Cimacnoticias.com.
2. Las mexicanas ocupan buena parte de sus vidas en sus hijos. Román González. Cimacnotician.com.
3. Repunta la obesidad femenina en México. Silvia Magally. Cimacnoticias. com
4. Obesidad Infantil. Dr. Arieh Goldberg. Obesidad.net.
5. Laura Ingalls Wilder, *Farmer Boy*. Harper & Row Publishers, Inc.

Capítulo 7:
1. Eulalia Cook González, *Susana y la escuela en su casa*. Alfalit Internacional.
2. "Alivianado" es una expresión mexicana que quiere decir permisivo, condescendiente.
3. Josh McDowell, *La generación desconectada*. Editorial Mundo Hispano.
4. James Dobson, *Hablemos con franqueza*. Grupo Nelson.

ACERCA DEL AUTOR

En 1980 se graduó como Ingeniero Químico Industrial en el Instituto Politécnico Nacional de la ciudad de México. Durante varios años laboró en el Instituto Mexicano del Petróleo.

En 1989 fundó Librería Maranatha, y a partir de 1995 se ha dedicado a la Maranatha ha distribución de literatura y productos cristianos. recibido en dos ocasiones el reconocimiento de SEPA (Asociación de Editoriales Evangélicas en Español), como el mejor Distribuidor del Año.

En el ámbito ministerial, participó activamente en el desarrollo de la iglesia "Manada Pequeña" en la ciudad de México. Ha predicado y enseñado en diversas iglesias e institutos bíblicos durante más de 30 años y ha participado como conferencista en diversos eventos. Forma parte de un equipo internacional de ministros cuya visión es la restauración del modelo de Dios para la iglesia y la familia.

Actualmente reside en Monterrey con su esposa Bárbara y los cuatro hijos que Dios le dio en préstamo y que casi lo vuelven "loco"... de alegría.

LIBROS RECOMENDADOS

Atrévete a disciplinar – Nueva edición James Dobson, Editorial Vida
Bendición familiar, La Rolf Garborg, Editorial Unilit
Cómo disciplinar a tus hijos Roy Lessin, Grupo Nelson
Cómo pastorear el corazón de su hijo Tedd Tripp, Poiema Pub.
Devocionales para niños Varios autores, Editorial Unilit
Familia cristiana, La Larry Christenson, Grupo Nelson
Hablemos con franqueza James Dobson, Grupo Nelson
¡Límites! Dick Iverson, Ediciones Ariel
Límites para nuestros hijos Henry Cloud y John Townsend,
 Editorial Vida
Meditaciones para niños Kenneth Taylor, Editorial Portavoz
Mi primera Biblia en cuadros Kenneth Taylor, Editorial Unilit
Padre que yo quiero ser, El Josh McDowell, Editorial Mundo
 Hispano
Para entrenar a un niño Michael y Debi Pearl, No Greater Joy
 Ministries
Poder de una madre positiva, El Karol Ladd, Casa Creación
Preparémonos para la adolescencia James Dobson, Editorial Betania
¡Señor, que mis hijos te amen! Rey F. Matos, Casa Creación
Mi hija me llama papi. Robert Wolgemuth, Editorial Portavoz.
Si amas a tu hijo Ross Campbell, Editorial Nivel Uno
Siguiente generación, La Nola Warren, Casa Creación
Sobreviviendo a la adolescencia Burns, Jim, Editorial Unilit
Solid Rock Families in a Crumbling World Ray E. Ballmann, Alfa
 Omega Publishing

CASA
CREACIÓN

Editorial Nivel Uno

PRESENTAN:

Para vivir la Palabra

w w w . c a s a c r e a c i o n . c o m

PEGGY
JOYCE
RUTH

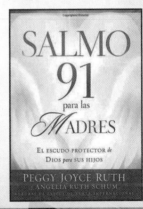

HENRY CLOUD Y JOHN TOWNSEND

21 días para lograr un matrimonio estupendo

Un enfoque adulto sobre la vida en pareja

DR. HENRY CLOUD & DR. JOHN TOWNSEND

RESCATA TU VIDA AMOROSA

Cambia esas actitudes y conductas tontas que hacen naufragar tu matrimonio

Dr. Henry Cloud Dr. John Townsend

Te invitamos a que visites nuestra página web, donde podrás apreciar la pasión por la publicación de libros y Biblias:

www.casacreacion.com

f @CASACREACION

🐦 @CASACREACION

📷 @CASACREACION

Para vivir la Palabra